高校生のための道徳

この世にダメな人間なんて一人もいない!!

勇志国際高等学校　校長　野田将晴

まえがき

若者に自信と誇りを

日本青少年研究所のアンケート調査（最新の調査：平成二十三年＝二〇一一年）によると、日本の高校生の六五・八％が

「自分はダメな人間だ」

と思っているという結果が出ています。

「ダメな人間だと思うことがある」

となると、実に八三・七％にのぼるというのです。

他国と比較しても際立って高い数値です。

自分がダメな人間だと思うことほどつらいことはありません。何をするにも自信がありませんから意欲も気力もわきません。自信喪失が高じると生きていく気力さえなくなってしまいかねません。

自分を否定しているのですから、自分以外の他人を認めることもできません。ですから人間関係がうまくいきません。

気がついたら一人ぼっちということにもなりかねません。

そして、夢も希望も持てず、将来への不安と恐怖におののく毎日を送るしかない。

こんな状態に多くの日本の高校生が追い込まれているという現実を、この調査の結果は、私たち全国民に突きつけたということです。


なぜこんなことになってしまったのでしょうか。

その原因は多くの要因が複雑に重なっていると思いますが、はっきり言えるのは、昭和二十年の終戦以降今日《こんにち》に至るまでの我が国の教育に、根本的に何らかの問題があったということです。

でなければ、こんな結果になるはずがなかったのですから……。

私はその戦後教育の根本的問題点は次の二点にあると思っています。


一点目は、道徳教育の欠如です。

日本における道徳教育は、明治五年に学校制度が導入された際に、小学校・中学校（旧制中学校は五年、戦後の新制高等学校の二年生までが中学生）に修身が教科の一つとして設置されたのが始まりです。

明治二十三年には「教育に関する勅語」（教育勅語）が出され、国民道徳の基本となりました。

その後、明治三十六年に文部省が「修身」教科書を制定し、一層充実されました。

しかし、大東亜戦争の敗戦後、昭和二十年十二月三十一日、占領軍指令「修身、日本歴史及び地理停止に関する件」が発せられ、道徳授業の停止と教科書の回収が決定し、明治以来、日本国民の精神形成の中核となってきた道徳教育（修身）が学校教育から消されてしまいました。

また、昭和二十三（一九四八）年には、占領軍の指示によって国会で、教育勅語の排除ないしは失効確認の決議がなされ、国民の道徳律として深く定着していた教育勅語も、日本社会から消えてしまったのです。

その後、昭和三十三（一九五八）年、小学校と中学校には年間三十五時間の特設道徳の時間が設けられましたが、教科ではなく、したがって教科書もないまま今日に至っています。

高等学校においては、特設の道徳の時間もなく、依然として道徳は占領軍によって排除されたままなのです。

なお、日本の歴史も、高校においては選択科目であって、選択しない限り三年間、日本人でありながら自国の歴史を学べないという極めて不自然でおかしな状況が続いています。

近年、一部の県で高校道徳を必修化する動きが出ていることは喜ばしいことです。

二点目は、なんといっても「自虐史観」教育をあげなければなりません。

先の大戦で、敗戦国となった日本は、極東国際軍事裁判（東京裁判）によって裁かれ、日本が戦った大東亜戦争を侵略戦争であったとされ、多くのA級、B級、C級戦犯が有罪判決を受けました。

この裁判で規定された歴史観を「東京裁判史観」と言います。

これは勝った国々が負けた日本を一方的に勝者の論理で裁いたものであって、公正な歴史観ではありません。

勝者の論理とは、「勝てば官軍、負ければ賊軍」という言葉がありますが、あれです。勝った連合国がすべて正しくて、負けた日本がすべて悪く、戦争になった原因もすべて負けた日本にあるとしたのです。

その不公正な東京裁判史観を日本人自らが積極的に受け入れるとき、全て日本が悪かったという、自らを虐《しいた》げる「自虐史観《じぎゃくしかん》」となります。

戦後の教育の基本にこの「自虐史観」があったことは否定できない事実です。

その結果、若者は日本人の誇りを奪われてしまいました。

以上の二点が戦後教育の根本的欠陥でした。

その結果として、自信と誇りを失くし、自己否定に陥《おちい》って苦しむ高校生を大量に生み出してしまったのです。

この本は、通信制高校の学校現場で、実際に九年間にわたって行ってきた、道徳教育実践の集大成です。

メインタイトルを、

「高校生のための道徳」

としたのは、改めて申すまでもありませんが、高校生のための道徳を復活させたいという願いと、その教科書がないという現実を踏まえてのことです。

サブタイトルを、

「この世にダメな人間など一人もいない!!」

としたのは、先述した財団法人日本青少年研究所の調査を踏まえ、自己否定に陥って苦しんでいる日本の高校生諸君に読んでもらって、自信と誇りを取り戻してほしいという筆者の心からの祈りの想いがあるからです。

ダメな人間など、本当に一人もいないのですから……。

教育が果たすべき最大の使命は、次代を担う若者に、これからの人生を生きていく自信と、日本人としての誇りを養成していくことでなければなりません。

この本が、その一助となり、ひいては戦後教育変革へのきっかけとなるならば、これにすぐる喜びはありません。

勇志国際高等学校　校長　野田将晴

高校生のための道徳

この世にダメな人間なんて一人もいない!!

―目次―

序章　道徳とは何だろう？

第1話　道徳とは何だろう？（1）

平成二十三（二〇一一）年三月十一日という日は、日本人にとって永遠に忘れられない日になりました。

言うまでもありませんね。東日本大震災が日本列島を襲った日として、です。

一〇〇〇年に一度と言われるマグニチュード九・〇の大地震に加え、その直後に東北から関東にかけての太平洋岸を巨大津波が襲いかかり、万単位の犠牲者と数十万単位の被災者、そしてたくさんの町が壊滅するなどの未曾有の被害がでました。

福島第一原子力発電所も津波が襲い、全世界を恐怖に陥《おとしい》れました。

その後、復興へ向けての長い道のりが続いていますが、ピンチはチャンスでもあります。ピンチが大きければチャンスもまた大きいのです。

あの巨大地震と巨大津波の被害から日本人は雄々しく立ち上がり、日本人が本来持っていた美しく逞《たくま》しい心を取り戻して、再び世界中から尊敬され賞賛される国家を再建したと、将来の歴史家が評価する時代が必ずやってくると確信しています。

さて、阪神淡路大震災のときもそうでしたが、今回も世界中の人々が、これだけの災害に直面しながらも、被災地の人々が、冷静で、秩序正しく、お互いに助け合い、分かち合い、譲り合い、励まし合う姿に、感動し賞賛しましたね。

アメリカの日本研究の専門家マイケル・オースリン氏は「日本人がこうした状況下で米国でのように略奪や暴動を起こさず、相互に助け合うことは全世界でも少ない独特の国民性だ」（産経新聞）と、賞賛しました。

この被災地で繰り広げられた光景の中に、「道徳とは何か」という命題に対する解答があります。

私たちは、法治国家に住んでいます。ですから法律によって私たちの生命や身体、財産や自由などが保障されています。

同時に国民としての義務もまた法律によって与えられています。法律を守らなければ処罰されることは言うまでもありません。

では法律さえ守っていれば私たちの社会は健全に維持できるかというと、そうではありません。被災地のことを考えてみましょう。

私たち国民はもとより外国の人々が感動した「被災地の日本人」のあの姿を思い出してく

ださい。

・奇跡的に九日ぶりに瓦礫《がれき》の下から救出された十六歳の安部　任《じん》君が、救出した警察官がお菓子と水を渡そうとすると、それを断って、瓦礫の下にいるおばあさんを早く助けてと頼み、「大丈夫だよ」と励ます警察官に「ありがとうございます」と丁寧にお礼を言う姿。

・五十本のバナナを一〇〇人で分け合って飢えをしのぐ人々の姿。

・極限状態の中にありながら、テレビに向かって国民の支援に感謝の言葉を言う姿。

・家族や家をなくしたであろう小学生たちが、「肩たたき隊」と称して、グループで避難所のお年寄りの肩をたたいて巡回する姿。

・さぞかし空腹であろうに、自分のことは後にして避難民の皆さんにおにぎりを配っている中学生や高校生の姿。

・目の前で愛する家族が津波に飲み込まれた過酷な経験を語りつつ、自分はまだ良いほうですと、他を気遣う姿。

・自ら志願して、原子力発電所の放水に従事するために、死地へ赴く自衛隊や消防や警察の皆さんの姿。アメリカの人々から英雄として賞賛された、原発事故の現場で被曝覚悟で作業に当たっている東京電力の作業員の姿。

これらの行為は法律で決められていることではありません。

ですから自分勝手に振舞っても、支援物資を受け取るために長蛇の列に並ばずに我先にと殺到しても、地震で帰宅できなくなった人々が、駅の階段の真ん中を他の人が通りやすいようにと空けて座らなくても、危険な場所には行かないと現場の作業を拒否しても、法律で処罰されることはありません。

しかし、そうはしない日本人の姿に世界中の人々が感動し賞賛したのはなぜでしょうか。

同じくアメリカのジョージタウン大学のケビン教授は、

「日本国民が自制や自己犠牲の精神で震災に対応した様子は、広い意味での日本の文化を痛感させた」(同紙)

と述べていますが、まさに日本人の精神の中に脈々と受け継がれてきた「道徳心」の尊さをあの姿の中に見たからです。

人間社会は、法律だけでは秩序を保てないのです。

法律にはないけれど、人間として守らなければならない規範があるということです。

その規範を「道徳」というのです。

日本人は長い歴史の中で他に類を見ない高い道徳性を精神文化として築いてきました。第二次世界大戦後、これらの精神文化は徒《いたずら》に否定され、廃《すた》れてきたと危惧されていましたが、生きるか死ぬかという極限状態の中に置かれたとき、それは確実に甦《よみがえ》ったのです。先のケビン教授は続けて、

「日本の文化や伝統も米軍の占領政策などによりかなり変えられたのではないかと思いがちだったが、文化の核の部分は決して変らないのだと今回、思わされた」

と述べています。

教授が言う「文化の核の部分」こそが道徳なのです。

さらに同教授は、

「近年の日本は若者の引きこもりなど、後ろ向きの傾向が表面にでていたが、震災への対応で示された団結などは、本来の日本文化に基づいた新しい目的意識を持つ日本の登場さえ予感させる」

とも述べています。

冒頭、ピンチはチャンスと書きました。

この未曾有の大ピンチは、外国の人々が「予感」したように、戦後の六十五年間で希薄に

なり将来消滅さえ危惧されていた「本来の日本文化」を復活させ、それに基づく新しい「国家国民としての目的意識（目標）」を持つ輝かしい日本再生のビッグチャンスなのだということを、私たちは肝に銘じなければならないと思います。

それこそがこの大災害による多くの犠牲や甚大な被害を無駄にしない唯一の選択肢だと思います。

そしてそれは、日本文化の核である道徳の復活から始まるのです。

第2話　道徳とは何だろう？（2）

第1話で、東日本大震災の被災地の人々の、悲惨な状況の中にありながら冷静で秩序ある尊い姿の中に、日本人が本来持っている道徳心の高さを紹介しましたが、第2話では、「道徳とは何か」という命題について、さらに突っ込んで考えてみましょう。

世界中の人々が賛嘆したあの被災地における日本人の姿は、自分のことより他の人のことを先に考える、あるいは自分のことと同じように考える姿です。

これを「利他心」もしくは「利他主義」といいます。

ですから、道徳の根本は何かというと、この「利他心」なのです。

戦後は、アメリカの占領政策によって、日本の歴史や伝統的価値観や文化などが否定され、アメリカ的個人主義を中心とする価値観がこれにとって替わりました。

個人主義というのは「個人の価値を尊び、その自由と独立を重んじる立場」(国語大辞典)を意味しますが、同時に「俗に利己主義」とも書かれています。

つまり個人主義は、「利他主義」とは対極の価値観である利己主義につながるという側面があることは否定できません。

個人の価値を尊重することは大切なことで、これが軽視される様なことがあってはなりません。

戦前の日本では、個人の価値は軽く見られていたと主張する意見がありますが、それは違います。

むしろ国民としての一人一人の個人を尊重する思想は、西洋よりもはるかに古く、日本が国家として成立した時以来の根本思想であったことが、日本最古の歴史書である『日本書紀』に書かれています。

このことは第八章で詳しく勉強しましょう。

西洋の個人主義と日本の思想との違いは何かというと、日本の場合は利己主義ではなく利他主義だという点です。

自己の利益を他の利益よりも優先するのではなく、その反対で自己の利益よりも他の利益を優先することを尊ぶ思想があるのです。

世界中の人々が、何故あんなに被災地の日本人の姿に感動したのでしょうか。

それは利己主義的個人主義を社会規範の根幹としつつも、無意識のうちに心のどこかで感じる何かがあったからに違いありません。

なぜなら人間は自分の中にないものには反応しないからです。

人間の本質は「愛」ですから、いかに利己主義が正義だとされていても、心の奥のほうでは「利他主義」的生き方を理想としているのではないかと思うのです。

だって、キリスト教でもイスラム教でもあらゆる宗教は「愛」を説くのですから、みんな心の奥では「利他心が人間の生き方として正しい」と知っているはずです。

日本の文化は、古来この利他主義に基づく国民本位主義があるのです。

道徳の基本がここにあるわけです。

西洋的な利己主義的個人主義では、あの被災地のような極限状態に置かれた時、暴動や略奪が起こって、大混乱に陥って収拾がつかなくなるのです。

もう一つ「被災地の日本人」の姿からわかる道徳の根本があります。

それは「男性と女性のあり方」ということです。

ごく自然に被災地において人々は、男性は男性の役割を、女性は女性の役割を果たしつつ助け合っていました。

男性と女性の性差をなくそうなどという暴論が現代の日本ではまかり通っていますが、それが如何に不自然で偏った、人間性否定の考え方であるかということが、「被災地の日本人」の姿から世界中の人々が知ったのです。

道徳の根本の二つ目は「男は男らしく、女は女らしくあれ」という、当然過ぎるほど当然な価値観です。

現代の日本社会は、どうもそれが当然の価値観ではないという風潮があるのです。

これほど人間にとって不幸なことはありません。

女性にとって世の男性が女性化して幸せであろうはずがありません。

反対に男性にとって世の女性が男性化して幸せであろうはずがありません。

男性の役割というのは、女性や子供を守ることです。

公のために死をいとわずに立ち向かう犠牲的行動です。

公というのは多くの人々や郷土や国家などです。


つまり男らしさとは何かというと、「死」に立ち向かう勇気ということになります。

誰でも「死」は怖いのです。若い時ほど将来があるのですから余計に怖い。

その死の恐怖を、愛によって乗り越える。

愛する人を、愛する郷土を、愛する国を救うのだという崇高な「愛」によって、死の恐怖を超越しようとする真の「勇気」こそが「男らしさ」なのです。

まだ人々が狩猟《しゅりょう》で生きていた時代、女性や子供たちを養い守っていくために、男たちは危険を顧みず日々獲物に立ち向かっていました。

常に死と直面した人生だったはずです。

農耕時代になっても、外敵や災害から女性や子供を守るために、男たちの死と直面した人生に変わりはありませんでした。

戦後以来、東日本大震災までの六十五年という長い平和な時代が続いて、現代の日本男性は、死と直面する経験を持つことが極めて限られてきました。その結果、死と直面する勇気という「男らしさ」が希薄になってきたのかもしれません。

しかし、被災地の極限状態に置かれた時、それは見事に蘇りました。


十万人もの自衛官の方々が被災地で活動していましたが、みんな命がけでした。

約五〇〇〇人もの自衛官は、自らも被災者で親族が亡くなったり行方不明だったり、家が流されたりしているにもかかわらず、自分のことは後にして部隊の一員として不眠不休で活動してくださいました。

また、現場の二十代そこそこの若い隊員たちが腐乱した遺体を背負って運び、お風呂もシャワーもなく（仮設の風呂を自衛隊で設置しても住民優先で自衛官が使うことはない）、強烈なにおいで非常食の缶詰飯ものどを通らない中で活動していたというのです。

福島原発事故の現場では、まさに死をも恐れない自衛官の本気さに感動した米軍が本格的支援に乗り出したという事実を産経新聞が報じていましたが、そのような行動に人々は真の男らしさを見、その崇高な勇気ある行動に、多くの国民は涙せずにはおられませんでした。


一方、女性らしさとは何でしょうか。それは暖かく包み込む優しさです。

男性たちが女性や子供を命がけで守ってきたのは、女性は新しい命を産み育てる尊い存在だからです。

人は誰でも例外なく、母親から生まれ、母親のお乳を飲んで育ち、母親の笑顔を見て感性を養い、母親の声を聞いて言葉を覚え、母親の立ち居振る舞いを見て文化を継承してきたのです。

こんなに尊い存在が他にありましょうか。

だからこそ、男性たちはそのような尊い存在である女性を守るために、命を惜しまず死をも恐れず、危険に立ち向かってきたのです。

男性らしさが「死」を知ることから得られるとしたら、女性らしさは「生」を知ることから得られるのです。

いのちの誕生の尊さを、もっともっと知って欲しいのです。

間違っても、ジェンダーフリーなんかに惑わされてはなりません。

第3話　「高校生の性」について

「性道徳」は「道徳」の入り口

序章の第3話は、高校生にとっての「性」がテーマです。

「性」は、道徳の最も根本的なテーマだからです。

性道徳が乱れたら国家も民族も、そして文明すらも、いとも簡単に滅ぶのです。

「性」は人間の本能の一つであり、種の存続に欠かせない重要なものであるがゆえに、秩序が不可欠なのです。

性行為が無秩序に許される世の中になったならばどうなるでしょうか。家庭や地域社会はもとより職場や学校などのコミュニティは阿鼻叫喚《あびきょうかん》の地獄と化すのは間違いありません。

人間が人間であるために守らなければならない最低限必要な秩序、それが性道徳です。

あえて序章で取り上げたのは、現代社会がその阿鼻叫喚の地獄に向かって真っ逆さまに堕ちていこうとしているからです。

教育現場で「性教育」は実施されていても、「性道徳」が語られることはありません。性道徳なくして性教育はありえないのです。

性教育だけでは、むしろ逆効果となる場合が多いと言わなければなりません。現実がそれを証明しています。

もう一度、言います。

道徳の教科書となるこのシリーズの入り口である序章で「性」について取り上げたのは、「性道徳」は「道徳」の入り口に他ならないからです。

恋愛

高校生時代は青春真只中ですから、恋愛は最大の関心事です。

だからこそ恋愛について正しい知識を持つことが大事です。

そもそも「愛」という感情は、「自他一体感の感情」ですが、恋愛感情は特定の異性間における自他一体感の感情のことです。

それは思春期になって目覚めてきます。

幼児期は自分というものにだけ目覚めていて、「自分」と「他人」という意識は、まだはっきり目覚めていません。

思春期になると特定の異性に対して、

「そばに居るだけでも嬉しい」

「あのひとと離れては生きていけない」

とか、相手が嬉しそうだったらこちらも同じように嬉しくなったり、悲しそうだったらこちらも悲しくなったりするのです。

このような感情こそが、自分と他人（彼女または彼）との一体感の目覚めなのです。

しかし、恋愛感情は、自己中心的な要素が強いので、二人同士は非常に愛し合いますが、他人には排他的になったり独占欲から嫉妬心がおこったりするのです。

だからこの段階の愛は自分も相手も縛るので苦しみがつきまといます。

人は皆、この最初の愛を経験して、もっと大いなる愛、「縛る愛」から「放す愛」へ、「欲望満足型の愛」から「尽くす愛」へ、「個の愛」から「多への愛」すなわち、学校や職場、住んでいる地域や国家などへの愛へと心が成長していくのです。

貞操は女性の最高の道徳

恋愛感情は相手との一体感ですから、肉体的にも一体感を得ようという感情が動きます。

これが性欲です。

しかし男性は、このことによって相手の女性が心身ともに傷つくことを思いやって、我慢しなければなりません。

これを理性といいます。

相手も望んだのだから傷つくことではないと思うかもしれませんが、そうではありません。女性にとって最も重要な「貞操」が傷つくのです。

貞操というのは、性の純潔を守ること、正しい操《みさお》のことです。

結婚まで貞操を守ることは女性の最高の道徳です。

女性の尊厳と貞操は同義語なのです。

性には秩序がある

人間には男性女性にかかわらず、性欲と性的快楽とが与えられています。

それは子孫を残すために必要だからなのです。

性欲がなく、性に快楽でなく苦痛が伴うものであれば人類は滅んでしまいます。

ですから性欲も性的快楽も人間に与えられた重要な要素で、それ自体はとても尊いものなのです。

しかし、だからこそ性には秩序が必要なのです。

いつでも、どこでも、誰とでもいいというわけにはいかないのです。

この秩序がなければ社会は崩壊します。

性の秩序とは、許される時に、許されるところで、許される人とでなければならないということです。

許される時とは、結婚してからということであり、許される人とは結婚した相手ということです。

この性の秩序を性道徳といいます。

性衝動について

男性は恋愛感情とは別に生理的に性衝動に駆られるものです。

しかし本当の男らしさというのは、それをぐっと我慢するところにあります。無秩序な性交渉は相手の女性の尊厳を踏みにじるものです。

性の解放などと称して性道徳を否定する傾向がありますが、とんでもない間違いです。これほど女性を馬鹿にした話はありません。

性の解放ではなく、それは正確に表現すれば、男の性衝動の解放であって、人間の動物化のススメ以外の何ものでもありません。

いや動物だってある意味では人間以上に厳しい自然の掟《おきて》があって、厳正に守られています。

女性は、男性の欲求に応えなければ嫌われるのではないかと恐れて、許してしまってはいけません。そんな男はあなたのことを「女性」として尊ぶのではなく、性衝動のはけ口としか考えていないのです。

そんなのは愛情でもなんでもありません。自分の欲望を満たすことしか頭にない自分勝手な男ですから、あなたを幸せにすることなど微塵も考えてはいません。

女性の尊厳

女性の尊厳は、母性にあります。人は誰でも例外なく、母から生まれ、母のお乳で育ち、母の笑顔を見て豊かな感性を得、母の声を聞いて言葉を覚え、母の立ち居振る舞いを見て文化を継承してきました。

そして、それは今からも永遠に続いていくのです。

男性はその「母性」ゆえに女性を尊び、身の危険を顧みず、場合によっては命をかけても守ってきたのです。

その「母性」を一時の感情に負けて損なってはいけません。

男性はその母性が傷つかないようしっかりと守ってあげることが真の愛情であり、それこそが本当の「男らしさ」なのだということを認識しなければなりません。

では母とならなかった、あるいはなれなかった女性には尊厳性がないのかと質問されそうですが、子供を産んだか否かとは関係なく、女性そのものが尊い母性なのです。

その点を誤解してはいけません。

第一編　本当の自分探し

「自分探し」が流行語になるほど、現代人は「本当の自分」を探し求めています。それは自分を見失った結果、自分が果たして何者なのかわからなくなって不安でたまらないからに他なりません。

高校生の君たちも例外ではないと思います。

自分探しをして自分が見つからず、結局はもっと不安が募るという繰り返しです。

何故こんなに多くの人々が自分を見失ってしまったのでしょうか。それにはいくつかの理由があります。

まず第一に、個人主義が行き過ぎて一人一人が孤立したことが理由に挙げられます。人間は読んで字の如しで、人の間と書くように、人というのは周りの人々との関係、関わりがあって初めて存在できるのです。

少なくとも日本人の「個人」つまり「自分」の捉え方はそうでした。

己《おのれ》の分《ぶ》が自分なのです。分というのは立場と置き換えてもいいでしょう。周りの人々との関係性のことです。孤立した個人などという感覚はもともとないのです。

それが戦後、アメリカから持ち込まれた個人主義という考え方によって、無理やりに、家族や地域、職場や同級生、さらには国家との関係など、周りとの関係性を省いてしまった。

個人主義の目指すところは個人の自立でした。

しかし結果は、「自立」ではなくて「孤立」だったというわけです。これでは自分を見失って当たり前です。


次には、やはり戦後になって、占領政策によって日本の歴史や文化などを否定されたことによって、日本人が日本人でありながら、

「日本とはどういう国なのか」

「日本人とはどういう歴史と文化を持った民族なのか」

がわからなくなったことに理由があります。

「自分」が日本人でありながら、日本がわからなければ不安になって当たり前です。

高校生のための道徳第一編では「本当の自分探し」をテーマにしました。

しかし実はこの第一編だけではなく、テーマは違ってもこの道徳全編にわたって、結局は「本当の自分」を探す心の旅の延長だと言ってよかろうと思います。

第一章　かけがえのない君の命

第4話　君は奇跡的確率で誕生した

「本当の自分探し」をするには、まず君の命が如何に尊い存在であるかを知ることが大切です。

自分はつまらない存在だと思っていて幸せになれるはずがありません。

人の命は何ものにも替えられない、かけがえのない存在です。

命のバトン・リレー（永遠の過去から永遠の未来へ）

人間は誰でも例外なく両親がいて、この世に生まれてきました。

それは両親も同じで、それぞれにやはり両親がいる。

だから第一代の先祖である父母は二人、第二代目の祖父母は四人、第三代は八人、四代さかのぼると先祖は十六人となります。このようにして先祖をさかのぼって計算していくと、どうなるのでしょうか。

十代さかのぼると、一並びのご先祖様の数は一〇二四人。

それに父母から九代までのご先祖様の数を足すと、その総数は二〇四六人です。

二十代さかのぼったら、一並びのご先祖様は一〇四万八五七六人、総数は二〇九万七一五〇人。

三十代までさかのぼってみましょう。

一並びのご先祖は、なんと一〇億七三七四万一八二四人。日本の人口のおよそ十倍ですよ。総数は、二一億四七四八万三六六六人。

その先は……。

もうきりがないのでやめましょう。

このうちどなたか一人でも欠けていたら、私たちは今ここに存在していないのです。膨大な人数のご先祖様が一人も欠けることなく、命をバトン・リレーしてきてくださったからこそ、私たちは今此処に生きているのです。

これはまさに奇跡的確率です。

そしてその奇跡的確率で受け継いだ尊い命を、子孫に引き継いでいくのです。

永遠の過去から受け継いだ命を永遠の未来へ引き継いでいくという気が遠くなるほど尊い存在、それが私たち一人一人の命なのです。

細胞一個が誕生する確率

私たち人間の身体は、約六十兆個の細胞でできています。

六十兆というと世界の人口のおよそ一万倍です。

その細胞一個一個に命があって、それぞれの役割にしたがって一刻の休む間もなく働いているのです。

ところで、この細胞一個が誕生する確率について、細胞学者で日本遺伝学会の会長を勤められた、今は亡き木村資生《もとお》博士は、

「人間に限らず、生き物の細胞一個が誕生する確率は、一億円の宝くじに一〇〇万回連続して当たるほど凄いことである」（『人を幸せにする魂と遺伝子の法則』村上和雄著）

と述べておられます。

ありえないことが起こることを奇跡といいます。

私たち一人一人がこのように生きていること自体がいかに奇跡的なことか、わかったと思います。

両親からの遺伝子組み換えの確率は七十兆分の一

一個のDNAの中に三十二億個の遺伝情報がインプットされています。このDNAの働きの一つは、遺伝を決定する働きです。

私たちは、両親から遺伝子を受け継いで生まれてきますが、その時、両親のそれぞれの遺伝子が混じりあって「組み換え」が行われるのです。

その遺伝子組み換えのパターンは何とおよそ七十兆あるというのです。

ということは、私たち人間は、七十兆分の一の確率から選択されて生まれたということになるのです。

三十八億年の歴史

地球が誕生して四十六億年、生命がこの地球に誕生して三十八億年です。

生命はこの間に進化を繰り返し、その最高傑作として人間が存在しています。

ところで、人間は、母親の胎内で受精してからおよそ三十八週を経て誕生しますが、この間「三十八億年の生物の進化のドラマを再現しながら赤ちゃんになっていく」（村上和雄筑波大学名誉教授）というのです。

胎内の赤ちゃんの一週間は一億年、一日は一四〇〇万年、一時間が五万八三三三年、一分間は九七七二年、一秒が一六二年に相当します。

妊婦が喫煙したり飲酒したりすると、お腹の赤ちゃんにとっては一四〇〇万年酔っ払っていることになったり、一万年くらいニコチンづけになっていることを忘れてはいけません。生まれてきた赤ちゃんはゼロ歳ではなく三十八億歳だったというわけです。

まだ沢山ありますが、これだけで私たち人間の命が如何に奇跡的な確率で誕生した尊い存在であるか、充分理解できたと思います。

自分の命がそうであることを理解し、そして同時に人の命もそうであるとわかったとき、心の深いところから大きな生きる喜びと力が湧き上がってくるはずです。

第5話　一寸法師は誰だ

日本には数多くの御伽噺《おとぎばなし》がありますが、それらの中には私たち人間の心の中の葛藤や喜びなどの感情の動きを、物語化して人生訓としたものが多くあります。

一寸法師の物語はその中の代表格です。

今回はその一寸法師の物語が私たちに何を伝えているのかを、一緒に考えてみることにしましょう。

先ずはあらすじです。

昔々、あるところにおじいさんとおばあさんがいました。

おじいさんとおばあさんには子供がいませんでしたから、指ほどの小さい子供でもいいからお授けくださいと毎日お天道様にお祈りしました。

すると本当に子供が授かりました。

その子供は小さな体で一寸（三センチ）しかありませんでしたが、おじいさんとおばあさんは大変喜んで一寸法師と名づけて大事に育てました。

しかし、一寸法師はいくつになっても体が大きくなりません。十四〜五歳になっても相変わらず体は一寸しかありません。村の子供たちからはチビチビといってはいじめられます。

おじいさんとおばあさんは願いがかなって授かった子供だったことは忘れて、この子は小さくて家の手伝いが何もできないといっては、毎日愚痴《ぐち》をこぼします。

ある日のこと、一寸法師は、都（今の京都）へ行って働くことを決意しました。

針の刀を腰に差した一寸法師は、お椀《わん》の舟に乗りお箸《はし》をカイにして一生懸命漕いで川を上っていきました。

苦労してやっと都に着きました。

やがて、都で一番偉い大臣の屋敷に住み込んで働くことになった一寸法師は、みんなから大変かわいがられましたが、大臣の一粒種のお姫様から一番気に入られて身の回りのお世話をするようになりました。

そんなある日、お姫様のお供をして清水寺《きよみずでら》にお参りに行ったときのことです。お参りを済ませてお屋敷に帰る途中、突然木の陰から鬼が三匹飛び出してきて、お姫様をさらっていこうとしたのです。

青鬼と黒鬼と赤鬼です。

一寸法師はお姫様を救おうと鬼たちの前に立ちはだかり、両手を広げて
「そうはさせないぞ、一寸法師ここにあり」

と大声で叫びました。

鬼たちは一寸法師を見て大笑い。

「ちびのお前なんぞに何ができる」

といって、まず青鬼が一寸法師をつまみあげようとしました。

一寸法師はここぞとばかりに青鬼の大きな眼をめがけて飛び掛り、針の刀を抜いてその眼

をチクリ、チクリと刺しましたからたまりません。青鬼は真っ青になって「降参降参」と逃げていきました。

次に黒鬼です。一寸法師は同じく眼をめがけて飛び掛り、チクリ、チクリ。黒鬼も真っ黒になって逃げていきました。

後に残った赤鬼は怒りで真っ赤になって、「一寸法師め、食ってしまうぞ」と大きな口をあけて一寸法師をつまみあげました。

一寸法師は「待ってました」とばかりにその赤鬼の口の中に飛び込み、口の中をところかまわず針の剣で突きまくりました。さすがの赤鬼もこれにはたまらず、「イタイ、イタイ、助けてくれ」と叫びました。その隙に一寸法師が口の中から飛び出すと、赤鬼は一目散に逃げていきました。

鬼たちが逃げた後には打ち出の小槌が残されていました。

一寸法師はお姫様に言いました。

「お姫様、この打ち出の小槌を振ると願い事が何でも叶うと言われています。どうぞこれを振って願い事を叶えてください」

お姫様は
「いえ、いえ、これはあなたが私を守るために鬼と戦って得たものです。あなたの願いを叶えてください」

と言いました。

「私の願いは体が大きくなることです」

と、一寸法師が言うと、お姫様は打ち出の小槌を手にとって一振りしました。

すると一寸法師の体が、見る間にズン！　と大きくなりました。

続けて何度も振ると一寸法師はドンドン大きくなって、逞しい立派な若者になりました。

二人は大変喜んで、都へ帰り、後に二人は結婚して幸せに暮らしました。


終わり。


一寸法師は主人公ですから「君」です。それも「本当の君」。

探さないと何処にいるかわからないほど――本当の自分は一寸法師のように――小さいけ

れど、いざとなったら鬼どもを一人でやっつける勇気と知恵と愛の塊です。

次にお姫様役は、「今の君」です。

純真で美しいけれど、ひ弱でいかにも頼りなげ。

そんなお姫様（今の君）を襲う鬼たちは、君の心の中で大きくなったり小さくなったりを繰り返している「悪い感情」です。

青鬼は怖くて真っ青になって震えている状態。つまり恐怖や不安や悲しみのことです。

黒鬼は人を憎んだりだましたり嫉妬したりする心。腹黒い奴だというでしょう。あれです。

赤鬼はもうわかりますね。そう、怒りです。真っ赤になって怒っている状態です。

いつもは「本当の君」はお姫様である「今の君」の陰に隠れていて、少々もてあましながらもわがままなお姫様を一生懸命お世話しているのです。しかし陰に隠れているから何処にいるのかわかりません。

そのお姫様が鬼たちに襲われる。

悪い感情が大きくなって「今の君」の心を支配しようとするというわけです。

すると陰に隠れていた「本当の君」という一寸法師が出てきて、鬼とお姫様の間にすっくと立って、両手を広げて「一寸法師ここにあり！　お姫様は渡さないぞ」と大声で宣言するのです。

一寸（三センチ）しかない小さな体で、しかも針の刀一本で、大きな鬼三匹を相手に立ち向かっていく勇気は何処から出てくるのでしょうか。

お姫様への「愛情」から出てくるのです。愛が勇気と力を与えるのです。そして存分に知恵を働かせて見事に鬼三匹を退治するのです。

そう、一寸法師というのは「愛と勇気と知恵」の象徴なのです。そしてそれこそが「本当の君」なのです。

第6話　君も「なりたい自分」になれる

一寸法師が鬼を退治した後に、「打ち出の小槌」が残されていました。これを振るとなんでも願い事がかなえられるという宝物です。

この打ち出の小槌を何で鬼が持っていたのでしょうか。

その意味を考えてみましょう。

君が心の中で何かが不安で心配しているとしましょう。例えば試験を控えて、自分は合格点を取れないのではないかと不安になって心配でたまらなくなって、なかなか夜も眠れない。その状態を、青鬼がお姫様を襲っているシーンとして表現されているのです。

そのとき鬼が打ち出の小槌を持っていますから、「君のその心配を叶えましょう」といって、打ち出の小槌を振るのです。すると君が心配したように試験で合格点が取れないという結果になるのです。

黒鬼は人を憎んだりする感情ですから、その黒鬼が打ち出の小槌を振るとどうなるかというと、もっと憎く思うことが次々に起こって、ついには自分自身を憎く思うようになるということなのです。

赤鬼は怒りの感情ですから、その赤鬼が打ち出の小槌を振ると、もっと怒るような事ばかり起こって、終《つ》いには自分自身に腹が立ってたまらなくなるのです。

つまり打ち出の小槌を鬼が持っているというのは、悪い感情を持つとそれは自分に跳ね返ってくるという世の中の真理を意味しているのです。

『心配すると　心配事が　心配して　心配事を集めて　心配かけに来る』

という訳です。

しかし人間誰しも感情がありますから、不安や恐れ、憎悪や恨みや悲しみ、怒りなどの悪感情が湧いてくる時があります。そんな時こそ一寸法師の出番です。

鬼として表現されている悪い感情は、結局は自分自身にはね返ってきて、さらに悪い結果を招くのですから、一寸法師が頑張って悪い感情を心の中から追い出すのです。

すると、そこには「打ち出の小槌」が残されています。

今度は君がその打ち出の小槌を振って「願い」を叶える番なのです。

その打ち出の小槌によって願いが叶えられて、「本当の君」（君の本質）である一寸法師が大きく成長して「今の君」（現象の君）と一体となる。

つまり、本質が現象にあらわれるというわけです。

それが、一寸法師が大きくなってお姫様と結婚して幸せになるという、物語の中に隠された本当の意味なのです。

「今の自分」が、たとえどんなに嫌な自分（お姫様）であったとしても、「本当の自分」という素晴らしい一寸法師がいるのです。

今は小さくて見えないかもしれないけど必ずいる。

君が不安になったり怒ったり悲しんだりしているときに、必ず出てきて心の中でこれらの鬼たちと戦っているのです。

一寸法師にそのとき力を与えるのは「愛」です。

「愛」が勇気と知恵を引き出してくれるのです。

「打ち出の小槌」というのは「言葉」のことです。言葉には偉大な力があるのです。

言葉は思考です。最先端の科学である「量子物理学」によって、宇宙の万物は思考によって創造されたという驚くべき真理が証明され始めました。

言葉はまさに打ち出の小槌なのです。

さて、「打ち出の小槌」を振って願いを叶えるには、実は次のような法則があります。その法則を君に教えてあげようと思います。


まず、「願う」ことです。

願うとき君は、心の中で言葉で思ったはずです。例えば「もっと明るく元気な自分になりたい」と願ったとすると、それは言葉です。これが打ち出の小槌を君が手にした状態です。

願うにも方法があります。具体的にリアルに願わなければ叶えようがありません。

人は誰でも思ったとおりの人間になれるのです。そのためにはまず、どんな人間になりたいのか、より具体的にリアルにイメージしなければなりません。

今の自分が嫌だと言いながら、ではどんな自分が良いのかと聞いても、案外イメージをみんな持っていないのです。

次に、願ったことが必ず叶えられると「信じる」ことです。

お姫様も一寸法師も「打ち出の小槌」を振ると一寸法師の体が大きくなると信じて振ったのです。

なぜなら鬼を退治した一寸法師は既に心の中では大きな存在になっていたのです。大きくなった一寸法師こそが本当の一寸法師だと信じていたのです。

ですから「なりたい自分」をイメージして、そのなりたいと思う自分こそが「本当の自分」だから必ず叶えられると信じるのです。

次に、それを言葉に出して「宣言する」ことが大事です。「明るく元気な自分になった」と言葉に出して宣言するのです。

「なれる」ではなく、既に「なった！」という宣言です。

恥ずかしかったら誰もいないところでやればいいし、ノートに書くのもいいね。

それが打ち出の小槌を振るということなのです。

音は「空気の振動」（波長）です。言葉も同じく振動なのです。その「振動」を「小槌を振る」と表現しているのです。

そして最後に、願い事が叶えられた状態を想像して「喜ぶ」のです。「なりたい自分」になれたと想像して御覧なさい。嬉しくなりますよね。嬉しくてたまらなくなる。これが大事なのです。思いっきり喜んで感謝するのです。それするとそれが実現するためにしなければならないことが自然に頭に浮かんできます。それを実行する。このときの努力は楽しくて仕方がない。

こうして願いが叶えられ、君は思ったとおりの人間になるのです。

人生は凄いですね。誰だって、例外なしにこの法則は適用されるようになっていますから、君も是非、君の心の中に隠れている「一寸法師」を、打ち出の小槌を振って大きく成長させて、大きな夢を実現させる人生に変えてみようではありませんか。

『喜べば　喜びごとが　喜んで　喜び集めて　喜びに来る』

第二章　親孝行する青少年たれ

第7話　親孝行

海より深い親の恩

君が今、ここに生きているということは、ご両親から生を受けたからです。

ご両親もまた夫々にご両親から生を受けられました。

こうして君の命は、永遠の過去から一人のご先祖も欠けることなく奇跡的な確率で受け継がれてきて、今ここに生きているのです。

永遠の命の連鎖の結果として生まれたのであって、決して両親の肉体的な快楽の結果として生まれたのではありません。

さらに君は沢山のご先祖の愛情を、両親を通して一身に受けています。

子より孫、孫よりひ孫が可愛いと言います。君は計算できないくらい多くの御先祖様の愛を、可愛い子孫として一身に受けています。

しかしそれはあくまでも君の御両親を通してなのです。ですから親孝行しないと先祖の愛も受けられなくなるのです。

そして何より、君をこれまで育ててくださった恩があります。せっかく奇跡的な確率でこの世に生を受けても、君一人の力では今日まで生きることはできなかったのです。

「子を持って知る親の恩」という言葉がありますが、それは子育てが如何に大変なことかを知って、改めて自分もこうして苦労して育てていただいたのだなとわかるという意味です。

しかし、親たるものみんな、子育ては苦労があるけれど、それ以上に大きな喜びであり幸せでもあります。

親の愛情は無条件の愛です。子供に何かしてもらおうなどと期待して育てているのではありません。ただひたすら健康と幸せを祈って育てるのです。たまにうるさく叱るのも幸せになって欲しいからです。

父母の恩は空よりも高く海より深いのです。

親の恩に感謝することが親孝行の始まり

海より深いその恩に感謝することが親孝行の始まりです。

親の愛が無条件の愛ですから、子の親への感謝もまた「無条件の感謝」でなければなりません。

無条件とはそのままの両親に感謝するということです。こうあってくれればとか、こうしてくれれば感謝するのに、などと条件をつけるのは親孝行ではありません。

もう一度、言います。親の愛が無条件の愛ですから、子の親への感謝も無条件でなければならないのです。

健康で幸せな人生を送ることこそ親孝行

親孝行の第一は、親が最も望んでおられる「健康で幸せな人生を送る」ことです。

「親に先立つ」ことほど親を悲しませることはありません。子供がケガをしたり病気になったりすると、自分が代わってあげたいと思うほど親は心配なのです。

だから無茶をして事故を起こしたり、病気になったりしてはいけません。

また、人を傷つけたり悲しませたり、迷惑をかけたりしてもいけません。人を不幸にすれば自分はもっと不幸になるからです。

そのことを最も悲しまれるのはご両親なのです。

先祖が喜ばれる生き方をすることが親孝行

また、親孝行というのは先祖が喜ばれる生き方をするということでもあります。

それは先祖が安心し、さらには誇りに思ってくださるような生き方のことです。

世のため人のために役に立つ人間になることほど、ご先祖が誇りに思ってくださることはありません。

日本では「働く」ことは「傍楽《はたらく》」こととしてきました。周りの人々を「楽」すなわち幸せにする行為が「働く」ことの意味でした。これが日本独自の労働観です。

日本人の御先祖はそういう価値観で、世のため人のため一生懸命働くことが生き甲斐ある幸せな生き方だと知っておられるのだから、可愛い子孫である君にも、それを望んでおられるのは間違いありません。

先祖が望まれ喜ばれることは、両親が喜ばれることでもあるのは言うまでもありません。

子孫を残すこと

結婚して子孫を残すことも大事な親孝行です。

永遠の過去から受け継いだ命を、今度は君が永遠の未来へと命のバトン・リレーをつないでいくのです。君が子孫を残すということは「今」を走る走者としての役目を果たすということです。奇跡的確率でつながってきた命を君の代で途絶えさせては、ご先祖様に余りにも申し訳がないことです。

可愛い孫の顔を御両親に見せてあげることほど親孝行はありません。

まとめ

親孝行は、日本だけで通用する道徳ではありません。世界中どこの国でも親孝行が道徳の基本です。そして親孝行は現代に生きるわれわれだけの道徳でもありません。過去も未来も変わらない最高の道徳なのです。

それは人間界だけではなく、この世に生きとし生けるものすべてに共通する「宇宙の真理」だと言っても過言ではありません。

第8話　縦《たて》の絆

命の連鎖としての縦の絆

第4話で「君は奇跡的確率で誕生した」と題して、私たちの先祖をたどっていくと上へ行くほど倍々ゲームでご先祖様の人数は増えていき膨大な数字になること、そしてそのうちの一人も欠けなかったから私たちは生まれて来たということを学びました。

まさに奇跡的確率で誕生したのです。

そしてその命はさらに永遠の未来へとバトン・リレーをしていかなければならないのです。

子から孫へ、孫からひ孫へと永遠に、です。

この永遠の過去から永遠の未来へとつながっていく命の連鎖を「縦の絆」と言います。この縦の絆によって歴史や伝統や文化などが引き継がれ、受け継がれていくのです。

縦の絆は大きく頑丈なものでなければなりません。

細くひ弱な絆だと、命のバトン・リレーが途中で途切れるし、歴史、伝統、文化などが正しく継承されず断絶が生じます。

歴史の断絶は民族や国家の衰退を意味します。結果的に全ての国民を不幸に陥《おとしい》れてしまうのです。

戦後という時代の特徴は、この縦の絆が希薄になってきた点にあります。

その結果、命のバトン・リレーが途切れ始めています。

出生率の低下がそれを証明しています。

多くの適齢期の男女が、自己実現のためにと言って結婚や子育てを敬遠する風潮が強まって、結婚率が下がり、少子化が急速に進んでいます。

国立社会保障・人口問題研究所の将来の人口推計（出生中位推計）によると、平成二十二年を基点として〇歳から十四歳までの年少人口は、平成二十七年には一〇%減、同じく三十二年には二〇%減、同じく三十七年に二八%減、二十年後に当たる平成四十二年は三三%減少します。

そして四十年後ぐらいに半数になってしまう予測となっています。

少子化が進み人口が減少するとどうなるか。

社会から活力が失われ、産業が衰退し、福祉などの社会保障が破綻し、学校が減り、道路や橋などのインフラの整備ができなくなり、地方の町がゴーストタウン化して上下水道などライフラインの事業が継続できなくなるなど、想像を絶する悲惨な状況が待ち受けています。

人口が維持できるには、合計特殊出生率（一人の女性が一生のうちに産む子供の平均数）二・〇七とされていますが、日本のそれは平成二十二年度で一・三九となっています。

この原因はいろいろとあるでしょうが、最も根本的な原因は、戦後の「縦の絆」を軽視する風潮にあると言わなければなりません。

命の連鎖としての縦の絆をしっかり取り戻していくことが極めて重要だということをぜひ知ってください。

歴史との一体感

人間はみんな平等と言いますが、本当に平等なのは三つしかありません。他のことは不平等が当たり前なのです。

人間に与えられた平等は、次の三つです。

①命の尊厳における平等

②国民として歴史文化を共有している平等

③法律の下の平等

何もかも平等であるはずもない。生まれも育ちも違うし、身長体重も違う。顔つきも違い才能も違う。職業も違うし収入だって違う。趣味も違えば嗜好《しこう》だってそれぞれです。第一、男性と女性の違いがあるではありませんか。

近年になってわが国では、「平等」という概念が拡大解釈されていく中で、はき違いされるようになってしまったと言わなければなりません。

そして、先に述べた本当の平等である生命の尊さや、国民として等しく共有している日本の歴史文化の尊さも教えない。

そんな教育のあり方こそ、許しがたい不公平・不公正ではないかと思います。

日本人は、みんな平等に日本の歴史を共有しています。

それは、現在生きている日本人だけではありません。過去の日本人も、そして未来の日本人も皆同じです。

ですから歴史上の英雄や豪傑も私たちと同じ日本の歴史を共有しているのです。

もちろん私達の方がその英雄が生きた時代以降の歴史の分、長い歴史がありますけどね。

坂本竜馬を尊敬している人ならば、竜馬とその人は同じ日本人として竜馬以前の日本の歴史を共有しているのであり、織田信長を尊敬しているなら信長以前の歴史を信長と共有しているのです。

これはなんと素晴らしいことでしょうか。

歴史を勉強するとその歴史上の人物と自分が同じ日本人として歴史や文化を共有していることが感じられて、心の底のほうから誇りと生きる喜びが湧いてくるのを覚えることができます。

そして、日本の歴史と自分の命が一体となっていくのを感じることができるのです。

それこそが壮大な歴史の中の「縦の絆」です。

先ずこの絆をしっかりと立てていく必要があります。

伝統や文化・文明の継承

歴史と同じように日本の伝統や文化・文明も時間空間を越えて、同じ日本人として共有しています。

そもそも伝統や文化などは、悠久の歴史の中で価値あるものだけが残り、それが蓄積し、さらに時代の波にもまれて磨かれてきたものです。

そして、先祖から子孫へと営々として引き継がれ受け継がれてきたのです。

やはり、「縦の絆」が途中で途切れることなく続いてきたからこそ、世界に誇る素晴らしい日本の文化・文明を今に生きるわれわれが享受することができるのです。

日本の文化・文明は、世界の七大文明の一つとして独自のものだと、世界を代表する文明学者の方々が指摘しています。

西欧キリスト教文明、ロシア正教文明、イスラム文明、ヒンズー文明、中華文明、中南米ラテン・アメリカ文明、そして日本文明です。

このなかで日本文明のみが、一国一文明をなす世界でも極めて特異な存在です。

この誇るべき文明を私たちの代で終わらせるわけにはいきません。次の世代にしっかりと伝えていかなければなりません。

そのためには、私たち自身が、世界に誇るわが国独特の伝統や文化・文明を正しく確実に受け継ぐ事が大事です。でなければ次世代に伝えていくことなど出来ませんからね。

ですから、家庭ではお父さんやお母さん、おじいさんやおばあさんなど、学校では先生方や先輩たち、社会では目上の人の言うことをよく聞いて、謙虚に学ぶ姿勢がとても大事なことなのです。

勉強したり読書をしたりするのはまさにそのためだと言っても過言ではありません。

学校の本来の目的は、その国の文化文明をしっかりと伝えていくことだったのです。

親孝行は縦の絆の基礎

以上述べてきたように「縦の絆」が如何に重要であるかわかってくれたと思います。その「縦の絆」の接点は両親です。

つまり、親孝行は「縦の絆」を強固にするための基礎工事と言えます。

その意味でも親孝行は、人間にとって洋の東西や時代を問わず、道徳律の第一番目にあげられるのです。

第9話　家族の絆

縦の絆と横の絆の接点に家族の絆がある

第8話で縦の絆について学びました。絆には縦と共に「横の絆」もあります。この横の絆については第13話で学ぶことになりますが、ここでは「家族の絆」について勉強しましょう。

家族の絆は縦の絆と横の絆の接点にあります。つまり両親を通しての先祖という命の系譜（縦の絆）と夫婦や兄弟姉妹という横の絆が同居している。

縦からつながって横へ展開する絆の基礎となる最も身近な共同体が家族です。

また家族という共同体は、人間社会の最小の単位でもあり、かつ、全ての共同体の基礎単位でもあります。

従って最大の共同体の単位である国家の基本構造と言っても良い、基本構造である家族の絆が崩壊すると国家も崩壊するのです。

教育勅語の徳目（この第9話の後に12項目を紹介しています）の最初は、「父母に孝《こう》に兄弟《けいてい》に友《ゆう》に夫婦相和《あいわ》し」となっていますが、親孝行を第一に、先ず家族のあり方について書かれているのは、家族の絆の大切さを表すものです。

親子の絆

現代はこの親子の絆がおかしくなったと、多くの国民が危惧しています。マスコミを通して伝えられる子の親殺しや親の子殺しなどの悲惨きわまりない事件が多くなったことは嘆《なげ》かわしい限りです。

これは戦後になって教育勅語を廃止し、道徳教育をないがしろにしてきた結果と言わなければなりません。

さらに、日本は外国などと比較しても最も人工妊娠中絶が多い国に成り下がっています。表に出る事件は生まれたあとの殺人ですが、生まれる前の中絶手術は、「母体保護法」という法律によって合法的に行われていて表には出ません。

母親の胎内にいても尊い命に変わりはありません。

その命を一方的に奪っていいのでしょうか。母体保護法となっていますが、それは母親の都合で簡単に胎内の命を奪うことができる内容なのです。

これこそ許しがたい天下の悪法だと言わなければなりません。

親子の絆がおかしくなった背景に、この悪法があることは間違いありません。

厚生労働省の統計資料によると、一九四六（昭和二十一）年から二〇〇六（平成十八）年までの中絶件数は三六〇〇万件超、近年は年間三十万件前後となっています。

子が親に孝行を尽くすのと同時に、親が子を慈しみ立派な人間として育てることは、人間として最低限の義務です。


昔から「子は天からの授かりもの、預かりもの」といって大切に育ててきました。

現代人は子供を親の所有物と勘違いしているケースが多くなっています。だから自分の意に沿わないと虐待したり、放置したり……。逆にいつまでも子離れできない親が増加して、却《かえ》って子供を自立から遠ざけています。

皆さんが大人になって結婚して子を持つ親になったとき、必ずこの、

「子は天からの授かりもの、預かりもの」

という言葉を思い出してください。

兄弟姉妹の絆

皆さんは「三本の矢の教え」を知っていますか。

「中国地方を統一した戦国武将毛利元就《もうりもとなり》が、ある日、三人の息子（隆元、元春、隆景）を呼び寄せて、一本の矢を折るように命じました。

息子たちはこれを簡単に折りました。

次に三本の矢を束にして折るように命じました。

三人の息子たちは誰もこれを折ることができませんでした。」

これが有名な「三本の矢の教え」の話です。

毛利元就は一人の力は弱くても、三人が協力すれば強くなるということを息子たちに教訓として与えたのです。

兄弟姉妹が仲良くすることの大切さをこうして伝えたのです。

血のつながった兄弟姉妹は同じ先祖から受け継がれてきた尊い命です。そして家庭環境を始めとして同じ環境の下で育ってきました。強い絆で結ばれているのです。

これは物や金に換えられない最高の財産です。

ですから兄弟姉妹が仲たがいするようなことがあれば、その絆を自ら断ち切ってしまうことになり、人生で最高の財産を溝に捨ててしまうのと同じことです。

しかし仲良くするということと、甘えや依存心とは別物だということを忘れてはなりません。

兄弟姉妹は互いに自立しなければなりません。頼りにすることがあっても、依存してはいけないのです。

それでは必ずどちらかに負担が偏って、人間関係のバランスが崩れます。

近親間で感情が対立すると、血のつながりから逃れられない分、他人との関係以上に事は深刻です。これを近親憎悪《ぞうお》というのです。

家族にとってこんなに不幸なことはありません。

夫婦の絆

家族を構成する元は夫婦の絆です。結婚によって新しい家族が構成されていきます。夫婦それぞれの家系が結婚によって親戚になって、子孫は双方の家系が先祖となる。そのことを考えると、結婚が如何にすごいことか改めて感じます。

男と女それぞれ他人同士が夫婦となって一生を共にするわけですから、たまには感情の行き違いもあるでしょう。しかし、別々の環境で育ってきた血のつながらない他人同士であっても、魂は一つだったのです。

もともと一つの魂が、男女に分かれていただけで、結婚によってもとの一つの魂に戻るのです。これを「結び」と言います。

教育勅語には

「夫婦相和し」

とあります。「和」というのは「愛し合う」というのとは違います。

もっと深い意味がある。互いに尊敬し支え合うということです。

愛し合うなんて当然のことです。

最近は男女同権という考えが勘違いされる傾向が強くて、夫婦それぞれが本来持っている役割までも無視してしまうのが、夫婦のあり方だとされがちですが、それは間違いです。

本当の「夫婦相和す」のあり方は、「夫唱婦随《ふしょうふずい》」です。

これが逆転すると必ずどこかに無理が生じます。

夫たるもの、一家を支える責任感と生活力を持たなければならないし、妻たるものは、そのような夫をしっかりと支える存在でなければなりません。

これが男女の役割分担の基本です。

どんなに時代が移ろうともこの基本をはずしては、家族の絆は永続しません。

家族が持つ機能＝伝統文化の継承

家族には躾などの教育機能がありますが、伝統文化を継承するという大事な機能もあります。

例えば、年中行事などがそれです。

何かの本に年中行事をしている家庭の子は頭がよくなると書いてありましたが、そうかもしれません。なぜならそれらの行事にはそれぞれに意味があって、子供のときからそれを考える習慣がつくからです。論理的思考ができるようになる。

家庭で年中行事を継承していくことによって、家族の絆が育てられるという側面があることもまた重要です。家族が心を一つにして伝統文化を家庭で行ずることは、その家庭の伝統をつくることでもあり、それを家族が共有するのですから、絆が育つのです。

地域の絆が、地域の祭りなどを通して築かれているのと同じ理屈です。

家族の絆がしっかりしていることは、幸せな人生を築くための前提条件でもあります。家族がばらばらで喧嘩ばかりしていては、幸せにはなれません。

家族が仲良く助け合うことほど親孝行なことは無いのです。

コラム

教育勅語《ちょくご》に示された道徳の項目

教育勅語の徳目第一は親孝行

教育勅語は明治二十三（一八九〇）年、明治天皇の名において発表（渙発《かんぱつ》）されました。昭和二十三（一九四八）年に占領軍の指示で国会において教育勅語排除および無効の決議がなされるまで、日本国民の道徳の基本として広くそして深く浸透していました。

その内容は多くの国々でも国民道徳のモデルとされるなど国際的にも高い評価が寄せられていました。

もともと勅語というのは天皇陛下のお言葉ですから国会といえども無効にすることは出来ないのですが、現実的に戦後長い期間、顧みられることがありませんでした。

しかしその内容は、現在もそして将来も、そして日本国民だけではなく世界中の人々にとっても、道徳の基本であることに変わりはありません。

まず、教育勅語に書かれている道徳の項目を紹介しましょう。

教育勅語の徳目

	教育勅語に出てくる言葉	意味
1	「父母に孝に」	親孝行しましょう
2	「兄弟《けいてい》に友に」	兄弟姉妹は仲良くしましょう
3	「夫婦相和し」	夫婦睦まじくしましょう
4	「朋友相信じ」	友達は信じ合いましょう
5	「恭倹己《きょうけんおのれ》を持《じ》し」	慎み深くしましょう
6	「博愛《はくあい》衆に及ぼし」	多くの人へ愛情をもって接しましょう
7	「学を修め業を習い」	勉学に励み職業を身につけましょう
8	「以《もっ》て知能《ちのう》を啓発《けいはつ》し」	勉強して知識を広めて才能を伸ばしましょう
9	「徳器《とくき》を成就《じょうじゅ》し」	人格の高い人になりましょう
10	「公益を広め世務を開き」	世のため人のためになる仕事をしましょう
11	「国憲を重んじ国法に従い」	法律や規則を守り秩序ある社会を作りましょう

12 「一旦緩急《かんきゅう》あれば義勇公《ぎゆうこう》に奉《ほう》じ」

もし外国の侵略や災害などで国家や国民の平和と安全が危機に直面した時は、勇気をもって国を守り国民の安全を守るために行動しましょう

第三章　志ある人間たれ

第10話　志について

志とは何か

志とは、何でしょうか。第10話ではその志について考えてみましょう。

志というのは、心に決めて目指していること、あるいは何になりたい、何をしようと心に決めることです。心の指し示す方向と言ってもいい。

わかりやすく言うと目標のこと。

ただし目標であれば、なんでもいいかというとそうではない。志という字を分解すると、士《さむらい》の心となる。サムライの心は公《おおやけ》に尽くす心です。

ですから自己中心的な目標は野心や欲望であって、厳密な意味で志とは言わないのです。

目的地のない船は漂流する

目的地である港がわからない船は、漂流するしかありません。

旅行をするとき、目的地がはっきりしているからこそ、飛行機に乗り、新幹線に乗り、バスに乗り換え、そしてあるいは船に乗って、目的地に行くことができるわけです。

目的地がはっきりしなければ、どこに行きようもありません。

また、君たち高校生は、卒業したいという目的があるからこそ、通学したりスクーリングに参加したりして勉強に励み、単位を取得しようと頑張ることができるのです。

人生も同じで、目標や目的があるからこそ頑張ることができるのです。

目標や目的がなければ、目的地がない船と同じで、どのように生きていったらよいのか、どこに行ったらよいのかがわからず、その日暮らしでフラフラと不安定な人生の漂流者になってしまいます。

志のないものは魂のないものに等しい

志を立てるというのは、世のため人のために役に立つために、「自分はこんな人間になろう」とか「こんなことをやろう」と目標を立てることです。

志を立ててそれに向かって努力するのとそうでないのとでは、その人の成長において大きく差が出てきます。志がなく漂流する人生に成長も進歩もありません。

幕末（江戸時代末期）の大先覚者で、明治維新の大きな原動力となった吉田松陰先生は、

「志のないものは、魂のないものに等しい」

という言葉を残していますが、昔のサムライは志を持っていなければ一人前に扱われませ

んでした。
人が人として生きる出発点が、
「志を立てる」ことだったのです。
そしてそれは、昔も今も変わりません。

志は人間性を高める

志は、その人の人間性を高めます。心の中に怠け心や人をねたむ心などが生じた時、「自分はこんなにしっかりとした目標を持って生きているはずなのに、どうして怠けたり、こんなつまらないことを考えてしまうのか、そんなことでいいのか」と反省し、よくない考えにブレーキをかけることにもなります。

また、どんな境涯にあっても、志があれば「何の、これしきのことで負けてたまるか」という負けじ魂が湧いてきます。また仕事や勉強で、忍耐強く持続する気力を持たせてくれるのも志があってのことなのです。

つまり人は皆、その志の高さに応じて人間性を高めていくことができると言えるのです。

志あるものは事ついに成る

「志あるものは事ついに成る」は、支那（中国）の古典（後漢書）にある言葉です。

やろうという志がしっかりとしてさえいれば、たとえ障害があっても最後には成し遂げることができるものだという意味です。

世の中で成功者と言われる人は、事業家でもスポーツ選手でも、全て固い志を持っていました。志がしっかりしていれば、事（目標）は必ず達成されるのです。

なぜなら志が固ければ、如何に艱難辛苦《かんなんしんく》があろうと必死に努力を続けることができるからです。

それとは反対に、志があやふやならば、目標は達成できないということでもあるのです。

志（目標）を達成した多くの先人には、共通して言えることがあります。

ある法則を活用していることです。

その法則とは、

第一に、目標をしっかり定めることです。それは漠然としたものではなく、リアル過ぎるくらい具体的に定めます。そうでなければいけません。

第二に、それがすでに実現したときの状況を同じく極めてリアルにイメージします。

次に、すでにそれが実現したと信じて感謝します。

すると自然に行動を起こしたいという衝動が生まれます。

それを一心不乱に実行するのです。

途中で何があっても、すでに実現したと信じる心をなくしてはいけません。実現したと信じる時、既にそれは「理念の世界」では実現していて、現象的に結果としてあらわれるのは時間の問題なのですから、それを途中で諦めては余りにももったいないことです。

この法則を確実に実行できた人が、人生の成功者となるのです。

人生はこころざし次第

志を立てるのは、人それぞれ自由です。志を立てるに、何のお金も必要ありません。誰に気兼ねすることもなく、制約するものも何もありません。

君の魂を大空に解放したつもりで、でっかい志を立ててみようではありませんか。

大きい志ほど実現するのです。

小さい志はたいした魅力がありませんから、少しの障害があればその志を捨ててしまいます。しかし大きい崇高な志は、それが実現したときの喜びの大きさが容易に想像できますから、多少の障害があっても平気で乗り越えていけるのです。

志を立てたその瞬間から君の人生は、夢と希望と生き甲斐に満ちたものへと大きく変わり始めます。

さあ！　輝かしい人生に向かって歩み始めようではありませんか。

第11話　本当の自由と豊かさ

自由と豊かさがあふれた現代社会

現代の日本社会は、あふれんばかりの自由と、欲しいものは何でも何時でも手に入る豊かさの中に、どっぷりと浸かっている状態にあります。

高校生の皆さんは、日ごろ、これらの自由や豊かさは当たり前すぎて、深く考えたことがないと思います。

しかしその当たり前になった自由や豊かさが、若者の心を蝕《むしば》んでいるとしたらどうでしょうか。

この11話ではそのことについて考えてみましょう。

自由と責任は表裏一体

自由は幸せをもたらしますが、不幸をもたらします。

自由であるということは、その分、自分の責任と判断に任せられることになります。

ですからその判断を間違って不幸せになった責任は、全て自分にかかってきます。

つまり、自由であるということは、その分、自分の行動の後始末も全て自分でしなければ誰もしてはくれないということになります。

自由と責任は、表と裏なのです。自由が大きくなれば責任もそれに比例して大きくなります。

だから自由であるためには、その分、責任能力がなければならないのです。

自由という名の不安定

さらに、自由とは「不安定」な状態でもあります。不安定だから自由でもあるのです。安定してしまったら、それはその分不自由になったということになります。

例えば、就職をすると他の仕事をする自由は束縛されるし、仕事中は自分の勝手なことをすることはできません。

しかし、自由は束縛されるけれどもその代わり「安定」と「安心」が与えられるのです。

自由は不安定な状態だから、自由であればあるほど、不安感と将来への恐怖感を伴います。ですから自由というのは、人間に解放感や喜びも与えますが、孤独で非情なものでもあるのです。

豊かさは更なる欲求を生む

次に豊かさについて考えてみましょう。

人間の欲望には限りがありません。一つを得ると二つが欲しくなり、二つを得ると三つ欲しくなります。

しかし、いくら豊かでも限度があります。欲望を百パーセント満足させることができる人は、世界広しといえども一人もいません。

いるとすればそれは「足るを知る」人です。

「足るを知る」というのは、今を満ち足りたものとして、不満を持たないという意味です。

「足るを知るものは貧しいといえども富んでいる。足るを知らぬものは富めりといえども心は貧しい」

という言葉がありますが、物質的な豊かさというのは、人に満足感を与えることは少なくて、むしろ不満足の心理状態を生み出すほうが大きいのです。

満足感を得るために人間は物質的豊かさを求めますが、結果はその逆で、不満足というストレスを溜め込むことになるのです。

自由と豊かさが若者を苦しめている

多くの若者は、これでもかこれでもかと、自由という名の「孤独」と「不安」を与えられ、将来への言い知れない恐怖の前に立ちすくんでいます。

いたずらに刹那的になるのは、将来のことは怖くて考えたくないだけのことなのです。

そして何不自由なく育てられて、結果的にいつも欲求不満というストレスを抱え込んでいます。

これらの自由や豊かさは、本来人生の目的ではなく、何かをなすための手段だったのです。ところがそれが目的化したところに、現代の悲劇があります。

若者はその最大の犠牲者なのです。

本当の自由とは

本当の自由とは、時間的な、或いは自分の意の通りになるという意味の「自由」とは、根本的に違います。

本当の自由とは、精神の自由のことです。

自分の意思で考え自分の責任で行動し、その結果について責任を取るということです。

先生や親から言われたから進路について考えたり、人から言われて勉強したり、うまくいかなかったと言って他に責任を転嫁したりするのは、自由がない状態です。

精神の自由は、自己責任の原則のことだと言ってもいいでしょう。

また、精神の自由は欲望から解放された状態でもあります。

例えば喫煙。タバコを吸いたいという欲望に心が占領され、自由な精神活動を阻害しています。

欲望に負けることはその欲望の精神的な奴隷になったということです。

人間は欲望がなくなることはありえませんが、どうでもいいような欲望をどれだけ捨てることができるかが精神の自由であり人間の価値なのです。

本当の豊かさとは

そして、本当の豊かさもまた、物質的なものではなく、心の豊かさなのです。

心の豊かさというのは、

「どれだけ多くのものを持っているかではなく、どれだけ多くのものを必要としないで満足できるか」

という「足るを知る」価値観から得られるものです。

足るを知らない人は、たとえ物質的に豊かに富んでも、いつも不満を持っていますから、心は貧しいのです。

また心の豊かさとは、「利他心」の大きさがそのバロメーターでもあります。

自分のことしか考えることができない人は、心の貧しい人です。

決して幸せにはなれません。

自分のことより、世のため人のためを考えて行動できる人こそ、本当に心の豊かな、そして本当に幸せな人生を送ることができる人なのです。

可能性は努力の結果

若者には無限の可能性があると言います。確かにその通りです。

しかし、それは努力の結果の可能性であって、努力なくして何の可能性もないことを知らなければなりません。

努力するということは、自由が束縛《そくばく》されるということでもあります。何かを努力しているときは、ほかのことをする自由はありません。だから一見つらそうです。しかし、その努力と不自由さの中にこそ安心感と充実感があるのです。

努力という「不自由」を恐れずに、本当の自由と豊かさを求める人生を、一歩一歩、歩んで行こうではありませんか。

第12話　若者よ、世界に雄飛せよ

日本青少年研究所の調査によると、日本の高校生の六五・八％が「自分はダメな人間だ」と思っているそうです。

「ダメな人間だと思うことがある」になると実に八三・七％に上ります。

もちろんこれは世界各国と比較しても、日本は際立って高い数値です。

その原因はいろいろとあげられるでしょうが、日本人全体が「自信と誇り」を失《な》くしていることの反映であることは間違いないでしょう。

近年になってやっと政治が安定し、国民の目にも明るい兆しが感じられるようになったことで、改善への希望は出てきました。

しかし、依然として不安要因を多く抱えていることに変わりはなく、「自信と誇り」を取り戻すまでには至っていません。

とりわけ高校生の多くが自己否定に陥っているという現実は、むしろ深刻化する一方だと言ってもいいでしょう。

しかし、実は、日本の世界における立場は、決して自信を喪失するような状況ではないこと、そして日本人に対して世界中が大きな期待を寄せていること、さらには、日本人でなければできない大きな世界的使命があることを、君たち高校生には知って貰いたいのです。この12話はそんな話です。

日本は世界中の人気者である

元皇族で作家の竹田恒泰さんが、『日本は何故世界で一番人気があるのか』という本をPHP新書から出されています。

この本では次のような事実が紹介されています。

「平成十八年、英国のBBC放送が三十三カ国で約四万人を対象に世論調査を行った結果、『世界に良い影響を与えている国』として最も高く評価されたのが日本だった。」

この調査は、その後も毎年行われていて、日本は三年連続で第一位を維持しています。

竹田さんは、

「どうやら今、世界は猛烈な日本ブームに沸いている。」

というのです。詳しくはこの本を読んでください。

要するに、日本人は、自信を失っているが、世界は日本ブームで沸いているということなのです。

世界が抱える深刻な問題と日本への期待

かつて日本は、欧米列強による有色人種の国々に対する植民地支配という時代を終わらせた、世界史上輝かしい役割を果たしてきました。

日露戦争が被植民地の人々に独立への夢を与え、大東亜戦争によってそれが現実化したのでした。

これからの世界も、日本が活躍しなければならない課題が山積しています。世界が日本を必要としているのです。

世界の現実に、目を移してみましょう。

環境問題、人口問題、食糧問題、貧困問題、エイズをはじめとする衛生や健康問題のほか、宗教間の対立、民族紛争、テロの続発、一部の専制あるいは一党独裁国家による人権蹂躙問題など、深刻な問題が数多く存在して、人類全体を脅かしています。

これらを一つ一つ解決していかなければ、人類に明日はありません。

世界が日本に期待しています。

何故でしょうか。

それは日本の技術力や経済力を期待しているというだけではありません。

日本だけが宗教間対立に無関係の立場だからです。

中国は、共産党独裁で宗教を否定しているから、宗教間対立には無縁と思うかもしれませんが、そうではありません。

中国の宗教弾圧の歴史は、世界の国々から警戒心を持たれてはいても、期待感は全くありません。

日本は神道や仏教の価値観が中心の文化ですから、キリスト教にも、イスラム教にも、ユダヤ教にも、もちろん仏教にも、なんらぶつかるところがありません。

全てを許容するのが日本の文化の特徴なのです。

日本には果たすべき世界的使命がある

ですから、日本には世界的に果たすべき大きな使命があるということなのです。

それは何なのでしょうか。

先述した世界が抱える諸課題を解決するための、さまざまな活動全般に及ぶことは言うまでもありません。

青年海外協力隊などは、まさにそういう活動です。

ただ、そのすべての活動をより効果あるものにし、途上国国民の自助努力を促すために避けられない課題があるのです。

しかも、その重要性は世界の誰も指摘していません。

そしてそれこそ、日本が果たすべき最大の使命だと思われるのです。

それは、世界の途上国における識字率——文字を読み書き理解する能力——を向上させるというテーマです。

開発途上国での識字率は、未だ極めて低い状態にあります。

途上国の多くの国民が読み書きが出来ません。

ですから、どんな良い政策や対策を講じても、国民に浸透しません。政策や対策の効果があがらないのです。

全ての問題の根底には、実は、文盲率の高さ（識字率の低さ）があったのです。

ここに、日本の役割があるのではないかと思われるのです。

「寺子屋」の世界的展開を!!

十八世紀の識字率は、ロンドンが二〇％程度、パリが一〇％未満、江戸はなんと七〇％を越えていました。

日本の識字率は、世界でダントツの高さだったのです。

それは明治になってさらに顕著になって、明治十五年には、東京（江戸）だけではなく、全国民の七〇％が読み書きができました。今はほとんど一〇〇％です。

幕末期には、寺子屋が全国に一万六五六〇もあったと言います。

平成二十三年度の全国の小学校数は二万一七二一校、中学校は一万七五一校ですから、現在の中学校数より多くの寺子屋があったということになります。

この寺子屋教育が世界ダントツの識字率の日本を作っていたのです。

この歴史的事実から考えても、世界の識字率を上げる活動は、日本国民の使命だと言えるのです。

問題はその方法です。

学校を建てるのもいいでしょうが、それだけでは解決しません。なぜなら、

学校施設が建っても、

教師がいない、

遠隔地の子供は通えない、

通学可能な地域の子でも、途上国では子供も貴重な労働力であり、通学できません。

これが途上国の実態なのです。

しかし、途上国の子供達は、貧困から脱出するために勉強したい、せめて読み書きができるようになりたいと、痛切に願っています。

我が国の通信制の高校などが採用しているＩＴ技術による学習方法を活用すれば、途上国に学校を建設せずとも、バッテリーとパソコンかテレビを持って巡回指導すれば、どんな奥地であっても、時間に関係なく、その場、その時が寺子屋になります。

我が国の若者による最も効率的な世界への最大貢献となることは間違いありません。

以上は、一つの例として紹介しましたが、あらゆる分野で、世界が日本の若者の協力を必要としています。

志を高く掲げて、世界に雄飛する気概を持ちたいものです。

第二編　幸せな人生のために

「人は何のために生まれてきたのか。そして何のために生きていくのか」

を学ぶのが道徳の本来の目的です。

その答えは、

「人は幸せになるために生まれてきて、幸せになるために生きていく」

ということです。

しかし、何が幸せで、どのような生き方が幸せを実感できるのかがわからないと、幸せになりようがありません。

人類は長い歴史の中で多くの体験を重ね、その正しい答えを持っています。

それを学ぶのが道徳なのです。

第四章　人を愛する心

第13話　「横の絆」

第8話で「縦の絆」について勉強しました。第13話では「横の絆」について勉強しましょう。

絆には、「縦の絆」と「横の絆」があります。

縦の絆が無くては、人間は存在しませんし、「横の絆」が無くては、生きていくことができません。

「縦の絆」は両親からご先祖様、そして私たちから子孫へとつながる命の系譜と、民族や国民が共有する「歴史」のことでした。

「横の絆」は、兄弟姉妹や友人、地域社会や同僚、そして国民としての絆がそれです。

つまり、自分を取り巻く人間関係の全てが「横の絆」です。

人間は一人では生きていけません。

中には「いや、自分は独りで生きていける」と、言う人もいるかもしれませんが、では衣食住の全てを自分で作っているでしょうか。

食料は全部自分でまかなっているでしょうか。

調理道具や、ガスや、食器なども自分で作っているでしょうか。

衣服はどうでしょうか。

住まいはどうでしょうか。

こうして考えたら、生きていく上で必要なものは全て人様のお世話になっていることがわかります。

自分だけで生きていくことなんかできないのです。

もちろん、それらは必要とする人が代金を払って買っていますから、供給する方もそれで生活が成り立っています。

お互いに知らず知らずのうちに助け合っているのです。

ですから独りで生きていくことは、無人島で自給自足しない限りありえないのです。

ならば、この「横の絆」をより広くより深くしていく方が、人生をより有意義なものにできるというわけです。


特に、その中でも友情という「横の絆」について考えてみましょう。

最も多感な高校時代の友人ほど大きな存在はありません。

それは青春時代に特有の悩みや苦しみや、そして喜びなどを共有できるからです。その青春を共有した体験は、その後の人生でも強い絆となっているのです。

では、仲間の絆はどうすれば築けるのでしょうか。

それは自分に置き換えてみればすぐわかります。

自分が「あの人はいい人だな、友達になりたいな」と思うのはどんな人か考えればわかります。

自分の長所をわかってくれていて親身になって自分に気を配ってくれる人がいたら、友達になりたいと思います。

そういう人と友達になれれば、嬉しくて楽しいだけではなく自分が成長できるからです。しかし、その反対で、自分が嫌だなと思っている欠点や短所ばかりしか見てくれなくて、しかも自分中心にしか考えない人がいたら君はどう思いますか。

いやな奴だと思って友達になんてなりたくないと思うでしょう。

ですから、仲間との絆、つまり友情は、自分自身が相手の長所を探してそれを見つめて付き合うことが第一条件です。

そして、自分のことを中心に考えず、いつも相手の立場に立って、相手のためにどうすればよいかを考えることが第二の条件です。

そういう付き合いができる友達のことを、親友というのです。

遊ぶのに楽しいからとか、あいつと仲良くしとくほうが、自分にとって得だからとかいう理由で付き合っている友達は、遊ぶのが楽しくなくなったり、自分の得にならなくなったら、友達ではなくなります。

ですからこういう付き合いは友情とは言えません。

高校時代に、親友と言える友達を何人も作ることができるよう、まずは自分自身を変えていく努力をしたいものだと思います。

このほかに、同志という横の絆もあります。

これは読んで字の如しで、志を同じくする仲間のことです。志を成し遂げるためには命もいらないという仲間ですから、この絆が最も強固です。

就職したら、職場の上司や同僚という絆もあります。これも共有するものが多いから強い絆になります。それにはまず、自分がその職場で一人前にならなければ話にもなりません。

職場で一人前として扱ってもらえるのは、職場に対して自分がいただく給料以上の貢献ができるようになることです。

そこまでいかないうちは、他の社員が稼いだ大切な利益の中から給料をいただいていることになるので、一人前とは言えません。

「地域の絆」もあります。

東日本大震災で、被災地の皆さんが示されたのは、地域の住民同士の助け合いでした。この助け合いが無ければ生きていけなかったのです。

ですから自分が住む地域のコミュニティに積極的に参加し、貢献していくことが極めて重要なのです。


最後に「家族の絆」について、もう一度考えてみましょう。

ご両親やおじいさんおばあさんは「縦の絆」です。「縦の絆」があって自分はこの世に生まれてきて生きている。

そのことを感謝しなければなりません。

「家族の絆」は、両親とご先祖様に感謝することが柱になって築かれるのです。

兄弟姉妹は「横の絆」です。

ですから、家族というのは「縦の絆と横の絆」の「交差するところ」なのです。

「縦の絆」の延長線上にご先祖様とご先祖様が築いてこられた歴史と文化がある。その歴史と文化を継承していくのも「家族の絆」の機能なのです。

そして、その集合体としての地域社会や学校があり、国家があります。

国民全体としての「縦の絆と横の絆」が交差しているのが国家です。

ですから国民は、国家を構成する一人として、しっかりと歴史と文化を継承していかなければならないという大きな意味があるのです。


以上、「横の絆」について勉強してきました。

「戦後」という今までの時代は、その「縦と横の絆」をないがしろにしてきました。

その結果、国民全体が「孤立化」して、日本全体が苦悩しています。

今からの時代は、その「絆」を大事にして「共同体」を再構築していかなければなりません。

その主役は君たち高校生です。

そして、人間の幸せは、お金や物の豊かさの中にあるのではなく、共同体の絆の中にこそあることを、気づいて欲しいのです。

第14話　コンプレックスをふっ飛ばせ

一九六〇（昭和三十五）年代から八〇（昭和五十五）年代にかけて世界的に活躍した歌手で坂本九という人を知っていますか。

四十三歳のときに飛行機事故で亡くなりましたが、大ヒット曲「上を向いて歩こう」は、今でも世界中で歌われていることでしょう。

東日本大震災後、国内でもまた歌われ始めました。

今日は「上」ではなく「前」を向いて歩こうという話です。

人間の生き方にはいくつかのタイプがあります。

人生を、後ろ向きで歩くタイプ、カニみたいに横歩きするタイプ、そして前を向いて歩くタイプです。

君はどちらのタイプですか？

どちらのタイプが良い歩き方かわかりますね。

わからなければ実際に歩いてみればいいですね。

まず後ろ向きで歩いてごらん。ただし一般道路では危ないからやってはだめだよ。誰もいない運動場であっても何かにぶつかりそうで怖くて歩けたものではないね。

次に横歩きしてみようか。これも同じで、怖いし、歩きにくくて長くはできないよね。

やはり歩くときは前を向いて歩くほうが良いに決まっています。

しかし人生となると、多くの人が後ろを向いたり、横を向いたりして歩いているのです。後ろ向きというのは、過去のことばかりこだわって、悔やんだり悲しんだり悔しがったり愚痴ったり、あるいは昔の自慢話ばかりしたりというタイプです。お年寄りに多いよね。横を向いて歩くタイプというのは、人の目や世間体ばかり気にして暮らす人のこと。これは若い人や社会的地位が高い人に多いタイプです。

そしてコンプレックスに陥るのは、この横歩きの人生に原因があるのです。

若い頃というのは、古今東西を問わず、多かれ少なかれコンプレックスに悩むものなのですが、現代の日本の若者の傾向としてそれが極端で、しかもなかなかそれから立ち直れずにいると思えてなりません。

それは、「平等思想」が教育界で過剰に徹底されるようになってからの特異現象ではないかと思われるのです。

例えば、いつの頃か小学校の運動会などで順位すら決めなくなった時期がありました。平等の原則に反するからというわけです。子供たちに人間は皆、何でも平等が当たり前と教えたのです。

しかし、物心がついてくると、平等ではない現実に嫌でも気づきます。

それは昔だって同じでした。何でうちはこんなに貧しいのだろうとか、片親しかいないのだろうとか。

ところが昔は、現実の社会は不平等が当たり前と知っていたからすぐ立ち直れました。しかし、現代の若者は平等が当たり前と思わされてきたから、立ち直れず深刻なコンプレックスに陥ってしまうのです。

人間に与えられた平等は、

「命の尊厳における平等」

「国民として歴史文化を共有している平等」

そして、「法律の下の平等」

の三つだけであって、何もかも平等であるはずがないのです。

生まれも育ちも違うし、身長体重も違う。顔つきも違い才能も違う。職業も違うし収入だって違う。趣味も違えば嗜好だってそれぞれですよ。

第一、男性と女性の違いがあるではありませんか。

昨今ジェンダーフリーとか言って、男女の違いを認めないなんてわけのわからない考えを学校現場に持ち込んでいるようですが、愚の骨頂です。

どうやら近年になってわが国では、「平等」という概念が拡大解釈されていく中で、はき違いされるようになってしまったと言わなければなりません。

そして、先に述べた本当の平等である「生命の尊さ」や「国民として平等に共有している日本の歴史文化の尊さ」も教えない。

そんな教育のあり方こそ、許しがたい不公平・不公正ではないかと思います。

世の中は不平等が当たり前、不平等だから人生は面白いのです。

そのことがわかれば、それが原因で陥っていたコンプレックスは解消できるのです。


また、人間の心の中には、「嫌な自分」と「なりたい自分」が同居しています。

「嫌な自分」が「本当の自分」と思っているから、コンプレックスに陥って苦しむのです。

「本当の自分」は、実は「なりたい自分」の方であって、「嫌な自分」は「本当の自分」ではありません。

人間は、自分の中にあるものに同化したいと反応します。そして自分の中に無いものには拒絶反応を示すのです。

「なりたい」という反応は、自分の中に「同質のもの」があるということになります。

そして、その同質のものと「同化」しようとする意識です。

反対に「嫌だ」という反応は、自分の中に無いものだから拒絶反応を示しているということになります。

どちらが「本当の自分」か、わかったでしょう。

ただ、「なりたい自分」の具体的なイメージを多くの人が持っていないのです。

どんな素敵なイメージでも良いのです。

もちろん顔や体型が極端に変わることは無いけれど、一番大事な「人間の内面」が変わってきて、その雰囲気が表面にもはっきり出てきますから心配は要りません。

誰に遠慮も要りません。自分の心の中のことですから、恥ずかしいこともありません。思いっきり「素敵な自分」の具体的なイメージを作って欲しいのです。

そして、そのイメージこそが「本当の自分」だと信じるのです。

すると、コンプレックスから解放されて、その「なりたい自分」という「本当の自分」が徐々に出てくるのです。

このような生き方を、「前を向いて歩く」生き方と言います。

そして、「コンプレックスを吹っ飛ばす」方法でもあります。

コンプレックスを無くして、自分に自信と誇りを取り戻す時、人を愛する心が芽生えてくるのです。

第15話　人を幸せにする生き方

東京の上野公園に立っている西郷さんの銅像は有名ですから、皆さんも知っていると思います。

西郷隆盛と言えば明治維新最大の英雄です。

その西郷隆盛翁の言葉に、「敬天愛人」があります。

よく学校の校訓などに取り上げられています。

「道は天地自然のもの、人はこれを行うものなれば、天を敬するを目的とす。天は人も我も同一に愛し給う故、我を愛する心を以って、人を愛するなり」（西郷南洲遺訓）が本文です。

第四章は「人を愛する心」というテーマです。

第15話では、この西郷翁の遺訓をもとに、「人を愛する」ということを、まず考えてみたいと思います。

この遺訓についてわかりやすく説明します。

遺訓にいう「道」というのは、人がそれに従って行動すべきだと考えられている筋道のことで、「道徳」の「道」です。

つまり、道徳というのは大自然の法則であって、人はこれに従って生きていくのであるから、「天」（神でも仏でもよい）を敬うことが大事である。

そして、「天」は、誰かを特別に愛されるということはなく、誰でも平等に愛されているのであるから、人は皆、自分を愛するように人を愛しなければならないという意味です。

遺伝子研究の世界的権威である筑波大学の名誉教授村上和雄先生は、遺伝子の研究を深めていくうちに、その余りの不思議さに、何か人間智をはるかに超えた存在があると考えないと説明がつかないとして、その存在を「サムシング・グレート」と称しておられますが、西郷さんの「天」と同じ意味です。

その「天」によって私たちは生かされているのです。そのこと自体がとても不思議な、まさに「奇跡的」なことなのです。

このことは第４話の「君は奇跡的確率で誕生した」で、すでに勉強したとおりです。

ですから、人の命が如何にかけがえのない存在であるかわかったと思います。それは自分の命がそうであるように他の人の命も皆貴くかけがえのない命なのです。

その意識が、「人を愛する心」につながるのです。

さて、第15話のテーマは、「人を幸せにする生き方」です。

人を幸せにすると、自分はもっと幸せになります。

つまり、人を幸せにする生き方とは、実は自分が幸せになる生き方なのです。

人間の本質は「愛」です。

何故そう言えるかというと、「天」もしくは「サムシング・グレート」が、愛そのものだからです。その偉大なる愛によって我々人間は生かされているのですから、人間の本質は「愛」なのです。

ですから、人間はその本質である「愛」を、人生において表現できた時に、大きな喜びを感じます。

その喜びこそが、実は「本当の人間の幸せ」の感情だということを覚えていてください。

人を幸せにするというのは、「愛」が表現された結果ですから、大きな幸せ感が得られるのです。


人間は何のために生まれてきたのでしょうか。

そして何のために生きているのでしょうか。

私たち人間にとって永遠のテーマなのかもしれません。

その永遠のテーマの答えは、実は簡単なことです。

人間は「幸せになるために生まれてきて、幸せになるために生きている」のです。

これが答えです。

それは「天」が「愛」そのものだとするならば、「天」に生かされている人間は幸せになるために存在するということになるではありませんか。

まさに「天」は愛であり、「天」の願いは人々の幸せなのです。

ただし、間違ってはいけません。

自分だけが幸せになろうと思っても、それは絶対になれないのです。なぜならそれは「愛」の表現にならないからです。少なくとも「天」の愛ではないのです。

人類がこの世に誕生して以来、ただの一人も「自分だけが幸せになればいい」と思って幸せになれた人はいません。

たとえ一時的に幸せを感じることがあったとしても、それはあくまでも一時的な現象であって、一方で次に訪れるであろう不幸せへの予感におそれおののいている状態でもあって、心からの幸せの実感ではないのです。

人間の「本質である愛」を思う存分に発揮して、自分以外の「人」を幸せにすることが「本当の幸せ」なのですから、

「人は人を幸せにするために生まれてきて、人を幸せにするために生きている」

ということになるのです。


次に、「愛」とは何かと言うことを考えてみましょう。

序章の第3話において「愛とは自他一体感の感情」であると勉強しました。

自分と自分以外の「他」が一体だと感じるその情こそが愛情の本質だということです。

「天の愛」とは、我々人間との一体感だということになりますから、「天」と我々人間は一つの命としてつながっているということになり、人間と人間もまた、「天」の命を通して一つにつながっていることになるのです。

そのことの自覚こそが、「愛」の実体だったのです。


さて、多くの人はモノやカネの豊かさこそ幸せであると勘違いしています。あるいはそうではないとわかっていても、その豊かさの魔力に惑わされている人も多いはずです。

しかし、モノやカネの豊かさに幸せはありません。なぜなら人間の欲望には限りがないからです。いくら豊かになってももっと欲しくなって、それが満たされず常に欲求不満にさいなまれる状態に陥ってしまいます。このこともすでに勉強しました。

そして、東日本大震災で、そのようなモノやカネなどは、一瞬にして消えてしまう存在でもあることが、改めて証明されました。

本当の幸せは、人を幸せにすることですから、それは表現を変えれば、人と人のつながりの中にあるということです。

人と人とのつながりとは、「絆」であり、その集合体としての共同体の中にこそあるというわけです。

共同体の中にあって人と人とがお互いに助け合い、励ましあい、分かち合う中にこそ真の幸せがあったのです。

「分かち合えば、喜びは大きくなり、悲しみは小さくなる」

どんなに小さな喜びも分かち合えばいくらでも大きくなり、どんなに大きな悲しみも分かち合えばドンドン小さくなるのですから……。

第五章　役に立つ国民たれ

第16話　利己心と利他心

大切な共同体意識

「役に立つ国民たれ」の「役に立つ」というのは、世のため人のために貢献できるという意味です。表現を変えれば「共同体」のために貢献できるということです。

共同体というのは、家族や地域や職場や学校、そして国家などです。

私たち人間は例外なく様々な共同体に所属しています。その最大のものが国家です。

日本人である私たちは日本国民です。

「世界市民」なんて表現をする人たちがいますが、そんな市民などどこの世にただの一人もいません。全てどこかの国民なのです。

また、「役に立つ国民」というのは「自立した国民」という意味でもあります。

いわゆる「戦後民主主義」の基本的な考え方は、戦前の日本を全て悪だと否定し、過去から継続して存在する国家や地域社会や家族などの「共同体」をも悪として否定し、その共同体から個人を解放することによって「個人の自立」と基本的人権が保障されるということでした。

しかし、その結果は「個人の自立」ではなくて「個人の孤立」でした。

個人つまり国民の自立というのは、共同体からの解放によって得られるのではなくて、共同体に積極的に参加し、その一員として共同体全体に貢献する度合いによって、結果として得られる客観的評価なのです。

例えば君たちが会社に就職したとします。その会社で一人前の社員として評価されるのは、自分のお給料以上に会社に利益をもたらすようになった時です。その時初めて自立できた社員というのです。まだそこまでいかないときは、ほかの社員があげた利益に依存していますから一人前つまり自立できたとは言えません。このことは第13話でも学びました。

すべての共同体についてこれと同じことが言えるのです。

平成二十三年三月十一日の東日本大震災で、「共同体の絆」こそ、人間が生きていく上で最も重要なものであったということが再認識させられたのでした。

共同体を否定して人間は生きてはいけないのです。

精神（心）の成長とは、「利他心」の成長

人は皆、心の中に利己心と利他心を持っています。どんな聖人君子でも同じです。違うの

は、心の中で「利己心」と「利他心」がぶつかった時に、どちらを優先させることができるかという一点なのです。

「利己心」が常に優先する人は、結局、誰からも相手にされなくなって惨めな人生を送ることになります。

反対に「利他心」を優先させることができる人は、人々から尊敬される生き甲斐にあふれた人生を歩むことができます。

ですから、人生の修養というのは、「利他心」が「利己心」を打ち負かす練習なのです。

つまり、人間にとっての精神（心）の成長とは、「利他心」の成長のことだというわけです。

「利己心」ばかり表に出る人は、何歳になっても心はまだ子供のままだということになります。

「利他心」は、権利意識からは育ちません。むしろ「利己心」を増大させるだけです。

「権利」ではなく「義務」を果たすという意識から「利他心」は育ちます。

権利の主張からは心の成長は無いということです。

このことについては第18話「権利と義務」で詳しく勉強しましょう。

人は、修養を積んで「利他心」が「利己心」に打ち勝つ回数が徐々に増えていったらどうなるかというと、喜びと生き甲斐と満足が得られるのです。

結局、人間は「利己心」だけでは本当の心の満足は得られないのです。人様の役に立った、世の中の役に立ったという実感こそ、実は「本当の幸せ感」なのです。

日本人は、古くからそのことを知っていました。だから「働く」という言葉の語源は「傍楽《はたらく》」であり、「傍」つまり周りの人々を「楽」つまり幸せにすることが「働く」意味だったのです。

お役に立つことが嬉しいし生き甲斐になる

人様のためにお役に立てれば、自分が一番嬉しいし生き甲斐を与えられるのですから、決して「見返り」を求めたり、期待してはいけません。

見返りを求めたり、期待しての行為だったら、それは「利他心」からの行動ではなく、「利己心」からの行為になってしまいます。

これだけしてやったのだから「これくらいの謝礼があってもいいだろう」とか、「御礼の一つぐらい言ってもらってもいいだろう」とか思う心が、見返りを求める心です。

それはお礼がほしい、お礼を言ってもらって良い気持ちになりたいという「利己心」の表れなのです。ですから見返りがないと言って、恨んだり悪口を言っては何にもなりません。

中には「お礼の一つも言わない」と言って喧嘩する人もいますが、折角その人のためにしたことが逆に悪い結果になるのですから、こういうのを愚の骨頂と言うのです。

お礼など言われなくとも自分が一番嬉しい思いをさせていただいたのですから、そのことに感謝できるように心掛けたいものですね。

世の中には「因果応報」という言葉があるように、原因があれば必ず報い（結果）があります。結果には必ず原因があるということでもあります。善い行いには求めなくても必ず善い結果が、悪い行いには必ず悪い結果が表れます。

人様のお役に立てて嬉しい気持ちになったら、その気持ちがさらに嬉しくなることを創造するのです。

人間の「思考」には強烈な創造のエネルギーがあることが、量子力学という最先端の科学でも証明されてきたことを覚えておいてください。

人は「幸せになるために生まれてきて、幸せになるために生きていく」のだと思うのですが、幸せになるということは、結局「世のため人のためにお役に立って、人格を高めること」だったのです。

「利他心」に生きることが、人がこの世に生を受けた意味であり、人生の意義だったというのがこの第16話の結論です。

第17話　公徳心（社会生活をする上で守るべき道徳心）

公徳心とは、辞書を引くと「社会生活をするうえで守るべき道徳心」と書いてあります。法律などで禁止されていたり、することが義務づけられているのではありません。

しかしこれを守ることは、社会生活を快適で思いやりにあふれた、ぬくもりのあるものにするためにとても大切なことです。

例えば、道路上でのごみのポイ捨てをしない、電車などに乗る際の列を作って待つ、電車やバスの中でお年寄りなどに席を譲る、人前で大声で談笑しない、トイレの履物を揃えるなど、日常の生活の中の最低限のマナーのことです。

誰も見ていないから、これくらいはいいだろうとつい思ってしまいます。しかし、昔は「お天道様が見てござる」と言って、人が見ていようといまいとこれらのマナーはしっかり守るのが、日本人の生き方でした。

東日本大震災のとき、避難所での秩序ある振る舞いや、分かち合い助け合う尊い姿に、また家に帰れなくなった多くの人々が駅の階段の片隅に並んで座って通路を開けている姿や、大渋滞だったにかかわらず、クラクションをやたらに鳴らす車が一台もなかったことなど、世界中に感動を与えたことは記憶に新しいところですが、これこそ日本人の公徳心の高さが証明された出来事でした。

現代人はこのような公徳心を忘れてしまったかのように思われていましたが、そうではなかったのです。しっかりと日本人としての遺伝子に残っていたのです。

私たち日本人には当たり前すぎて、世界の人々に感動を与えるという事実が、むしろ不思議なくらいでした。

実は、世界の現実はそうではないのです。

平成十七（二〇〇五）年のハリケーン・カトリーナに襲われた米国ニューオーリンズでは、大規模な略奪が発生して、被災地は内乱状態に陥りました。

平成二十（二〇〇八）年五月の中国・四川《しせん》大地震のさいも、軍用車が援助物資を持ち出そうとして、これに抗議する住民と警察が衝突して暴動となったことも記憶に新しいところです。

平成二十二（二〇一〇）年一月のハイチを襲った大地震の時は、略奪集団がうろついて無法状態と化して、支援物資の配給所は死人が出るほどの奪い合いになって地獄そのものだったと言います。

これが世界の現実なのです。

だからこそ世界中が東日本大震災に見舞われた被災地などの日本人の振る舞いを見て、感動したのです。

日本人の公徳心の高さはまさに世界に誇る尊い文化だというわけです。


しかし、日常はどうでしょうか。

ごみなどのポイ捨てで行楽地などはごみの山、ファミリー・レストランなどで大声で談笑している若者のグループ、駅などでだらしなく座り込む女子高生、トイレの履物は誰も揃えない、電車やバスの中で立っているお年寄りの前の座席でふんぞり返る高校生らしき若者等々……。

日本人の美徳は、いざというとき発揮されたけれども、日常生活の中では急速に薄れつつあるのもまた厳然たる事実です。

天皇陛下は、東日本大震災直後の三月十六日にビデオの映像を通して、被災者及び国民に対して異例のお言葉を発表され、その最後のお言葉を次のように締めくくられました。

「国民一人びとりが、被災した各地域の上にこれからも長く心を寄せ、被災者と共にそれぞれの地域の復興の道のりを見守り続けていくことを心より願っています。」

このお言葉を行動に移すために、高校生が国民全体にその範を示していけたらどんなに素晴らしいことでしょう。

例えば、勇志国際高等学校では、毎月の十一日を「絆の日」として指定し、生徒職員一丸となって公共の場所などの美化活動を実施しています。

言うまでもなく東日本大震災の三月十一日に合わせてのことです。そして、その際には「三月十一日を国民の絆の日にしよう」というスローガンをプリントしたTシャツを全員が着用しています。

つまり、「絆の日」の美化活動は、三月十一日を「国民の絆の日」として政府に制定して欲しいという願いを込めています。

あの日、甚大な被害とともに二万人を超える尊い命が失われました。

その一方で、愛する家族を亡くし、家も仕事もすべてを失くされたであろう被災者の皆様が示された「日本人の尊い美徳」は、人間が生きていくうえで最も大切なことは、おカネでもモノでもなく「人と人を結ぶ絆」であり、その集合体としての「共同体」であるということでした。そしてそのことに世界中の人々もまた、改めて気づかされたのでした。

共同体というのは、英語でコミュニティといいます。家族や地域社会、職場や学校、様々なグループ、そして国家などです。

現代は、我が国をはじめ世界中に広く個人主義が浸透して、共同体より個人をより重視し尊重する風潮が蔓延《まんえん》して、絆や共同体の重要性を忘れてきた時代だったのです。

人は一人では生きていけません。人と人とのつながりの中でこそ生きていけるのです。

そのことに世界中の人々が改めて気づいたということの重要性は、計り知れないものがあると思います。


三月十一日を「国民の絆の日」とすることを願うのは、天皇陛下のお言葉を国民として行動に移すことを意味すると同時に、私たち国民が「戦後」という時代に忘れてきた「絆と共同体」を取り戻していくことこそが、犠牲者への鎮魂と被災者の心の痛みを共有することにつながるからです。

その「絆と共同体」は、「利他心」があってこそです。利己心が優先していては、絆は生まれません。したがって絆の集合体である共同体も成立しません。

「役に立つ国民」とは、自分のことばかりではなく、たまには自分以外のことに関心を寄せ、世のため人のために自分にできることを考え、行動に移す人を言うのです。

その前にまずは、人の行いとして人様に迷惑をかけない生き方をすることが前提です。

そのような価値観を「公徳心」と言うのです。

皆さんも毎月十一日の絆の日には、自分にできることでいいから、周りの地域社会のために何か行動を起こしてみましょう。

本当の幸せは、共同体の一員としての絆の中にあるのですから……。

第18話　権利と義務

産経新聞の平成二十四年八月十五日の朝刊で、脚本家・劇作家・演出家で、『北の国から』の作者として有名な倉本聰《くらもとそう》氏と阿含宗《あごんしゅう》　桐山靖雄《きりやませいゆう》　管長の対談記事が出ていました。

その中で、倉本氏が北海道で志ある若者の教育の場として運営してきた富良野《ふらの》塾を閉塾した話をされていました。

「北海道で俳優と脚本家を志す若者を養成する塾を開設、二十六年間やってきましたが、二年前に閉塾しました。」

と話した後、その理由について次のように述べておられます。

「無気力、無反応の子が多くなって教えることがあほらしくなった。最近の子は原石としては光っているのだろうが、磨かれていないまま世の中に出てきていますね。開塾したころには感じられないことです。どうしてそうなったのか。『権利』という車輪をめちゃくちゃ大きくして、『義務』という車輪とバランスが取れなくなっている戦後教育の影響ではないでしょうか。」

この話の中に今回のテーマである「権利と義務」の関係の本質が語られていると思い紹介しました。

「戦後」という時代は倉本氏が言うように、まず「権利ありき」という価値観に支配されてきた時代でした。教育は特にその傾向が強く出されてきました。

それが年と共に一層強くなってきたということです。

倉本氏が言うように「無気力・無反応の子が多くなった」原因が、この行き過ぎた権利教育をはじめとする「戦後」という時代の価値観の結果であることは間違いありません。

いずれにしてもその結果、日本人は幸せになれたのでしょうか。

また、日本の国は良くなったのでしょうか。

富良野塾は閉塾になって、この塾で学び俳優や脚本家として活躍できたかもしれない多くの若者の可能性も、同時に閉じられたのです。

この事実は、若者にとって不幸なことだし、日本社会にとっても好ましいことではないはずです。

この現象は決して富良野塾だけのことではなく、あらゆる分野で、あらゆる世界で起こっている現象と思わなければなりません。

しかしそれは若者に責任があるのではないという声が聞こえてきそうですが、もちろんその通りです。

「戦後」という時代が間違っていたのですから、それは若者の責任ではない。

では誰が責任を取るのか。例え誰かが責任を取ったとしても、結局若者がその影響を被《こうむ》るのです。

どうすればいいのでしょうか。

それはっきりしています。

戦後の価値観が間違っていたのなら、それを正すことです。

気がついた人から権利を主張する前に、義務を果たすという生き方を取り戻すのです。すると間違いなく人生が好転し、そのような生き方をする人が増えてくれば、必ずもっといい世の中になるでしょう。

本来人間にとっての「権利」とは、初めから与えられているのではないのです。義務を果たして、そのあとで与えられるものなのです。

高校生だったら、規則を守って、授業を受け、まじめに勉強して単位を取る（ここまでが生徒としての義務）、それらの義務と責任が果たせて、はじめて卒業できる（これが権利）のです。

社会人としては、法律をしっかり守って、税金も払って（これが国民の義務）、はじめて自由で安心できる平穏な生活が保障される（これが権利）のです。

もし、授業も受けず規則も守らないなら、単位は取れず、したがって卒業はできません。

法律を犯したり、税金を払わなかったら、逮捕されて（自由権の剥奪）、強制的に罰金も取られ（財産権の剥奪）、刑務所で服役中は基本的人権なんて与えられません。

戦後の間違いは、まず権利ありきと教えたことです。

義務を果たした後に与えられるのが権利なんだと、教えなければならなかったのです。

今からでも間に合います。

皆さんが「まず義務ありき」と考えを切り替えるのです。


また、権利意識からは、利他心は育ちません。利他心が育たないということは、利己心ばかりが大きくなるということです。

そして利他心が育たないと心の成長はありません。

心の成長とは利他心の成長のことを言うのですから。

倉本氏が言うように「原石は光っているのだろうが磨かれていないまま社会に出てきている」という意味は、まさにこのことです。

義務を教えることが原石を磨くことなのです。

利他心が育たないと、人は間違いなく孤独な人生を送ることになります。

利己心ばかり強いと、誰も相手にしなくなるからです。

そして、国民が利己心ばかりが強くなってしまったら、国家は成り立ちません。すべての組織も、社会も成り立ちません。みんなバラバラで「無縁社会」となって、人間は生きていけません。

人間にとって一番大切なものは「利他心」なのです。

もう一度言います。その「利他心」は「権利意識」からは育ちません。「義務意識」の中から育ってくるのです。

国民の「義務意識」から生じる「利他心」によって国家は支えられており、一人一人の「義務意識」から生じた「利他心」によってあらゆる共同体は成り立っているのです。

ですから「権利と義務」の関係は、まず「義務ありき」であって、断じて「まず権利ありき」ではないということです。

義務を果たさない限り権利は与えられないのです。

『正論』という月刊誌がありますが、その二十四年九月号に金美齢《きんびれい》さんの次のような一文が載っていました。

金美齢さんは台湾生まれで、一九五九（昭和三十四）年に留学生として来日し、現在は評論家として大活躍しておられます。今は日本国籍を取得しておられます。

「美しいとは何か。それは愛する人たちのために、社会のために、国家のために、自分のことを後回しにして行動することである。これに対し、醜いとは、自分の利益のために周りの人たちを、社会を、国家を踏み台にすることである。」

まさに、ここで言いたいのは、このことです。

利他心こそが美しい心なのです。

戦後という時代はひたすら利己心という「醜い心」を蔓延《まんえん》させてきた時代だったといえます。

その結果、学校ではいじめが横行し、先生たちも生徒たちも見て見ぬふりで誰も助けようとしない醜い日本に成り下がったと、反省せざるを得ません。

しかし、東日本大震災を機に、かつての日本人の「美しい心」が甦ったのです。

それはお互いが助け合い分かち合う心の「絆」です。

時代は「戦後」から「震災後」へと変わりました。

「震災後」は、再び日本の美しい心で、美しい日本を再建していく時代なのです。

その主役は君たち若者なのです。

コラム

教育基本法が定めた「国と郷土を愛する」心

平成十八年十二月十五日、昭和二十二年に制定された旧教育基本法が五十九年ぶりに全面的に改正されて、新しい教育基本法が国会で成立しました。

教育基本法というのは、「教育憲法」と言われ、教育行政の根本になる極めて重要な法律です。

その新しく改訂された教育基本法の第二条（教育の目標）の第五項には、次のような規定があります。

「伝統と文化を尊重し、それらを育んできた我が国と郷土を愛するとともに、他国を尊重し、国際社会の平和と発展に寄与する態度を養うこと」

これによって、「国を愛し、郷土を愛する」ことが、教育の目標として掲げられたということです。

つまり、教育の最大の使命は、国民として自分の国及び郷土を愛する幸せと喜びを教えることであると言って差し支えなかろうと思います。

いやむしろ、これは世界各国の教育ではあまりにも当然すぎることですが、戦後の日本ではそうではありませんでした。

終戦直後に制定された旧教育基本法によって、終戦までの日本の教育は根本的に変えられ、いわゆる「戦後教育」がスタートしました。

その当時の日本は、アメリカを中心とする戦勝国（第二次大戦で勝った国）の軍隊による占領下にありましたから、日本に自主権がなく、すべては占領軍の指示のもとに行われていました。

占領軍が占領政策の究極の目標としたのは、日本が再び力をつけて彼らの脅威とならないよう日本を精神的に弱体化することでした。

ですから、この旧教育基本法を制定した目的も、当然その占領目的に沿って制定されたことは言うまでもありません。

改正前の旧教育基本法から、伝統や文化を尊重したり国や郷土を愛する心を養うという目標が省《はぶ》かれたのは、以上のような歴史的背景があったのです。

しかし、それにもかかわらず、日本は短期間で奇跡的な復興を成し遂げたのですが、それは戦前の教育を受けた世代の人々の、日本復興への強い思いと血のにじむような努力によるのであって、旧教育基本法に基づくいわゆる「戦後教育」世代が築いたものではないことを忘れてはなりません。

何はともあれ、平成十八年の旧教育基本法の全面改正によって我が国の教育は、やっと「戦後教育」から脱却して、国際的には「普通の国」になれる基本ができました。国内的には占領政策の束縛から脱却できて、タブー視されていた「日本人の誇り」を取り戻し、日本の尊い「伝統と文化」を復興していける時代を迎えたということなのです。

祖国を愛せないことほど不幸せなことはありません。いかに世界市民だとか地球市民だとか言われても、私たちは日本人であるという厳然たる事実から逃れることはできないのですから……。

祖国を愛せなくて、郷土だけ愛することも、またその愛せない国の国民である同胞を愛することも不可能と言っても過言ではありません。

そして国を愛することは、日本人である自分を肯定し、自らに誇りを持ち、自らの人生に希望を抱く基礎でもあります。

自らを肯定できなくて他人を肯定することは困難なことです。

祖国に誇りを持てて初めて他の国の人々を敬うこともできるのです。

新しく生まれ変わった教育基本法で、新たに教育の目標として掲げられた「郷土を愛する心、国を愛する心」について学ぶことはとても大切なことなのです。

「郷土を愛する心」は、次の第六章で、「国を愛する心」は、第三編全体で学びます。

第六章　郷土を愛する心

第19話　グローバルとローカル

遠心力と求心力

皆さんは理科の授業で「遠心力」と「求心力」について学んだと思います。

例えば地球は太陽の周りを「公転」していますが、それは地球が太陽から遠ざかろうとする遠心力と、太陽の引力が釣り合っている状態です。

太陽の引力が「求心力」です。

このように宇宙のすべてのものは「遠心力と求心力」のバランスによって成り立っています。この均衡が崩れたら地球は宇宙の彼方へ飛んでいくか、太陽に衝突するかしかありません。

グローバル化とローカル化

近年、「グローバル化」とか「グローバル経済」などという言葉が世界中を飛び交っています。

私たちの身近な生活の中にも「グローバル化」が押し寄せています。

グローバル化つまり国際化は決して悪いことではありません。

このように交通機関が発達し通信手段が国際化した現代では、あらゆる分野においてグローバル化は避けて通れません。むしろ積極的に進めていかなければならない課題とも言えます。

しかし、「グローバル化」という現象は遠心力に他ならないことを忘れてはなりません。ですからグローバル化だけでは、地球が太陽系から宇宙の果てに向かって飛び出していくようなもので、極めて危険です。

グローバル化が進むと国内の製造業は、より人件費の安い海外へ生産拠点を移さないと国際競争に勝てなくなります。これが産業面からみたグローバル化という遠心力の危険性です。その結果、国内産業の空洞化に歯止めがかからなくなって、若者の就職先が確保できなくなってくるのです。

求心力が同時に働いていなければならないということです。

では求心力は何かというと、「ローカル化」（地方化）という作用がそれです。

つまり、グローバル化とローカル化が、バランスが取れて初めて経済も社会も安定するのです。

そのローカル化という作用がグローバル化の流れと比較して極めて微弱でアンバランスになっているところに、現代社会の重大な欠陥があることを、私たち現代人は気づかなければなりません。

では具体的に「ローカル化」とは何なのでしょうか。

それがここでいう「郷土愛」なのです。

自分には「郷土」はないと思っている人もいます。しかしそんなことはありません。自分が今住んでいる場所、地域、自治体こそが「郷土」と言えるのです。もちろん自分が生まれ育った「ふるさと」が「郷土」であることは言うまでもありません。

私たち一人一人が、「ふるさと」や「自分の住んでいる街」の良さを見直し、好きになって、溶け込み、助け合い、地域のお祭りや催しなどに積極的に参加して貢献することで「文化や伝統」を継承していくことこそが、遠心力に対しての求心力となってバランスを取り戻し、健全な社会を作っていくのです。

都市と地方

この遠心力と求心力の関係は、国際的な関係だけにとどまりません。国内では都市と地方の問題となって表れています。

若い時は誰しも可能性と刺激を求めて都会に憧れますし、進学や就職をするにも都会の方が圧倒的に門戸が開かれています。

つまり地方においては遠心力ばかりが作用してきたということです。

その結果、都市への人口集中と地方の過疎化を生み、様々な深刻な問題が生じています。都会の過密社会では人と人との絆が希薄になって「無縁社会」と言われる時代になり、一方で地方は空洞化が進み「限界集落」と言って再生不能なほど過疎化した集落が激増しています。


このままでは地方の多くの集落が消滅してしまいます。

このアンバランスからくる社会の崩壊を防ぐには、希薄化している「ローカル」志向を一人一人が強めていくことが最も大事なのです。

ローカル志向の着地点は、家族の絆であり、その集合体としての地域共同体の絆です。

勇志国際高校が提唱している「国民の絆の日」制定運動は、まさに「郷土を愛する心」を育み、ローカル志向という求心力を強めて、経済のグローバル化によってもたらされる国内産業の空洞化や、過疎化による地方の消滅を防ぎ、バランスのとれた安定と活力と希望にあふれた社会を作る原動力となることを目指しています。

第20話　助け合う心

第19話でグローバルとローカルがアンバランスになった現代社会の問題を勉強しました。そして求心力であるローカル志向を強めて遠心力の作用であるグローバル化とのバランスを保たなければならないこと、そして、ローカル志向は「郷土を愛する心」から生じることも学びました。

この第20話では、郷土愛を育てる要素は助け合いの心であることについて勉強したいと思います。

藤原正彦先生（数学者・お茶の水女子大学名誉教授）の『始末に困る人』（新潮社）という本の一四一ページに

「幕末から明治にかけて訪日した多くの欧米人は『日本人は貧しい。しかし皆幸せそうだ』と言った。これは裕福イコール幸せ、貧乏イコール不幸、という価値観の欧米人にとって衝撃だった。ボロに身を包みながらも人々が幸せそうに輝いていた原因は、この絆にあったのだ。この紐帯がどんな苦境にある人をも孤独に追い込まなかったのだ。人間の幸せは富ではなく『絆』にあるということを日本は世界で初めて証明した。」

とあります。

この文章の前に、沖縄の人々の家族や地域の絆の強さが紹介されています。つまり家族はもちろんのこと、近所の人々とのお互いに助け合い分かち合って生きていく「家族の絆」や「地域の絆」の中にこそ人間の本当の幸せがあるというのです。


藤原先生がこの文章で紹介されている幕末から明治にかけて訪日した欧米人の見聞録をまとめた本に、渡辺京二著『逝きし世の面影』（平凡社ライブラリー）があります。

この本を読むと、確かに多くの欧米人が異口同音に「日本人は貧しいがみんなが幸せそうだ」と書いているのですが、そのもととなる日本人の生き方に触れている文章がありますので紹介します。

通商条約の締結の仕事で一八六六（慶応二）年に来日したイタリア海軍の中佐ヴィットリオ・アルミニヨンという人の文章です。

「下層の人々が日本ほど満足そうにしている国は外にはない。日本人の暮らしでは、貧困が暗く悲惨な形であらわになることはあまりない。人々は親切で、進んで人を助けるから，飢えに苦しむのは、どんな階層にも属さず、名も知れず、世間の同情にも値しないような人間だけである。」

つまり彼は、江戸時代の庶民の生活を「幸せそう」にしているのは、共同体に属することで得られる「助け合いや分かち合いの関係＝絆」であると言っているのです。

共同体にはいろいろあります。

家族は最小単位の共同体です。

次に地域社会という共同体がありますね。

そのほかにも学校や職場という共同体も重要です。

最も大きな共同体は、国家です。

先に紹介したように、江戸時代の日本人は「親切で進んで人を助ける」から貧困でも幸せそうだったというわけです。それは決して江戸時代だけのことではなく、現代でも同じなのです。

藤原先生の文章にあった通り、「人間の幸せは富ではなく絆にあるということを世界で初めて証明した」のが日本人だったというわけです。この真理は昔も今も同じです。

人を助ける、つまり、人のために役立つと実は自分が幸せになるのです。なぜなら人間の本質は「愛」ですから、「愛」を行動に表わした時、幸せを感じるのが人間なのです。

また困ったときは周りの人々が助けてくれるとわかっていれば、心は安定して幸せを感じることになります。

絆とは、このような、助け合ったり、分かち合ったりする関係なのです。

「分かち合えば、小さな幸せは大きくなり、大きな悲しみや苦しみは小さくなる」

のです。

また

「奪い合えば不足し、分かち合えば足りる」

という言葉がありますが、まさにその通りです。

東日本大震災などの大きな災害の時、日本では秩序整然と暴動がおこることもなく冷静に対応する日本人の姿を見て、世界中が感動しましたね。少ない物資を分け合って決して奪い合うことはありませんでした。ですから不十分ではあってもみんなに行き渡って餓死する人は出ません。

しかし世界の現実は違うのです。奪い合って人の命すら奪われています。

力のある人間が限りある援助物資などを強引に奪ってしまいますから、みんなに行き渡らずに、婦女子や子供やお年寄りなど弱者には食料などの物資が回ってきません。

いくら豊富な援助物資があっても不足するのです。

東日本大震災のことはまだ記憶に新しいところですが、地域の人々が助け合ったからこそ命があったという人々がたくさんいらっしゃいます。

人々を救おうとして自らの命を犠牲にした人々も、たくさんいらっしゃいます。

二二六名もの消防団員の皆さん、三十名の警察官の皆さんなどです。

特に消防団の皆さんは日ごろは全く普通の社会人です。地域社会の安全のために、ボランティアで活動している人たちです。

他にも多くの方々が犠牲になられました。


例えば宮城県南三陸町危機管理課勤務だった遠藤未希（24歳）さん。

震災当日、防犯放送のアナウンスを最後まで続けて津波にのまれて殉職されました。地域の何千人もの人々が、彼女の、

「六メートルの津波が来ます。早く避難してください」

というアナウンスを聞いて津波が来る前に避難できて助かりました。

未希さんは結婚を控えていて震災の前日、お母さんとウェディングドレスの下見に行く約束をしていたそうです。その約束は果たせませんでしたが、何千人もの人々の命を救ったのです。

倒壊した家屋の下敷きになって助けを求めている人々がたくさんいました。救助隊が来るまでの間、地域の人々が協力して多くの命を助け出しました。

近所の絆があったからこの家には誰がいるとわかっていたので、救助隊が来てからも協力して救助に当たりました。

それは東日本大震災だけでのことではありません。大規模な災害などの被災地では、まず近所の人々がお互いの無事を確認しながら人命救助に当たり、その後は助け合い励ましあって生き延びることができたのです。

「地域の助け合う絆」がいかに重要であるかということが、災害のたびに再認識されてきました。

そして、この地域の人々の助け合う生き方の中に人々の幸せがあるし、その絆こそが郷土そのものであり、郷土を愛する心はその絆から育まれるのです。

第21話　文化と伝統の継承の舞台

埼玉大学名誉教授の長谷川三千子先生が、雑誌『諸君』の平成十六年四月号に寄せられた文章の中で次のように述べておられます。

「教育というものには本質的に保守的な側面があって、それなしには成り立ちません。つまり、教育とは先に生まれたものが、すでにある知識を後輩に伝えていく営み――過去からの伝授――であって、この形というものは時代や民族を問わない、普遍的な形だといってよいでしょう。」

教育とは「過去からの伝授」であるという指摘は、まさに教育の本質をついていると思います。その意味で、教育という営みは「保守的な」人間社会の営みなのです。

そもそも「保守」とは何かと言うと、「伝統文化」を守る（過去からの継承と伝授）立場を言うのですから……。

戦後という長い時代はその価値観がひっくり返っていました。

つまり教育がその本質である「過去からの伝授」を離れて、伝統を尊重する精神を教育基本法から欠落させたままきたのです。

ですから混乱を極めてきました。

その被害者は他ならない若者たちでした。

そのような異常な時代がやっと終わって、平成十八年十二月、教育基本法の全面改正によって、日本の教育が「伝統文化」を継承するという本質に立ち戻ったのです。「戦後教育」の時代が終焉して、「教育新時代」が始まったということです。

ここでいう教育とは、単に「学校教育」だけのことではありません。「家庭教育」、「社員教育」、「社会教育」なども含まれますし、地域において文化や伝統を先輩が後輩に伝えていく「営み」もまた、教育の範疇《はんちゅう》と言えるのです。

郷土という地域社会にあって、先に生まれたものが後輩たちに、自分たちも先輩たちから伝授されてきた文化や伝統を伝えていく営みは、まさに地域の教育システムであって、「地域の絆」のもつ社会的な重要な機能です。

その典型として「郷中教育《ごじゅうきょういく》」について勉強しましょう。

「郷中教育」とは旧薩摩藩（鹿児島県）の伝統的な地域の青少年の教育システムのことです。

「郷中」というのは今でいう町内会のようなもので、江戸時代末期には鹿児島の城下（お城の近くで主にお侍の居住区）には数十戸を単位としておよそ三十、地方を合わせると一三〇近くの郷中がありました。

この郷中単位で青少年がお互いに勉強し鍛えあう教育システムがありました。これを「郷中教育」といいます。

郷中教育では年齢ごとに「稚児《ちご》」（現在の小・中学生程度）「二才《にせ》」（現在の高校生から未婚の二十五歳くらいの青年まで）に分けられ、先輩が後輩に、勉学・武道・山坂達者《やまざかたっしゃ》（今でいう体育）の指導を通して、しつけから心身の鍛錬まで行っていました。

有名なのは加治屋町の郷中教育です。

わずか二〇〇メートル四方のエリアから、西郷隆盛、大久保利通、大山巌、東郷平八郎、山本権兵衛、村田新八、西郷従道など近代日本を築いた偉人達が育ちました。

この郷中教育では、次のことが固く守られていました。

①年長者は年少者を指導すること、年少者は年長者を尊敬すること
②負けるな
③うそをつくな

④弱い者をいじめるな

これこそ、日本古来の伝統文化を凝縮した教育システムだったと言っても過言ではありません。

まさに郷土が文化伝統の継承の舞台となった典型です。

その中から郷土愛は育まれるのです。

皆さんが知っているボーイスカウトやガールスカウトは、明治のころ来日したイギリスの貴族が、この郷中教育のことを聞いて感動し、母国でこれをモデルとして始めた青少年の教育が始まりと言われています。

右記の郷中教育の四項目は、簡単ですが、人間にとって生きていくために最も必要なこととして先輩から後輩に伝えられてきました。

実はこれこそが「道徳教育」であって、このような価値観を共有するとき、強固な絆が生まれるのです。

また、薩摩藩の郷中教育の決まりとともに、有名なのが旧会津藩（福島県）の「什《じゅう》の掟《おきて》」があります。これは会津の藩士の子息十人を一組とした教育のシステムで、この掟を基礎に行われました。

1、年長者のいうことに背いてはなりません。
2、年長者にはお辞儀をしなければなりません。
3、虚言《うそ》をいうことはなりません。
4、卑怯《ひきょう》な振る舞いをしてはなりません。
5、弱い人をいじめてはなりません。
6、戸外でものを食べてはなりません。
7、戸外で婦人と話してはなりません。

ならぬことはならぬものです。


してはならないことが生きていくうえでは色々とあります。

それを教えることが教育です。

それは長い歴史の中で先人たちが体験の積み重ねの中で築き上げてきた「道徳律」です。

現代の教育のように権利を教えるのではなく、守らなければならない「義務」をまず教えたことに注目して欲しいと思います。

それには理屈はいりません。

ならぬことはならぬものです。

これで十分です。


歴史の中で多くの先人がその経験から積み上げてきたものの重みは、自分一代のわずかな経験や知識をもとにした理屈など、取るに足らないものなのです。

それを屁理屈といいます。

地域社会つまり郷土の持っている伝統文化を継承する機能の重要性は、やっと「戦後教育」といういわば混乱の時代が終わって、「教育新時代」が本格化すると言われる今日、改めて見直されるべき時だと思います。

これからの時代を担って立つ高校生諸君の手によって、その復活が実現していくことを願ってやみません。

第三編　日本人として

戦後教育で最も欠けていたのは、日本人としての誇りを持てる教育でした。

日本人でありながら日本人としての誇りを持てなかったらどうなるでしょうか。

誰でも「自己否定」と「自信喪失」と「活力低下」をきたします。

現代の日本人が陥っているのがこれだと思います。

今の日本は、外交、安全保障、教育、経済、内政のあらゆる分野で戦後最大の危機に直面していると言われていますが、その原因はすべて日本人全体が日本人の誇りを持てなくなった結果、自己を肯定できなくなり、したがって自信を無くし、明日を切り拓いていく活力を喪失しているからにほかならないということです。

ですから、今の日本人に最も求められているのは、「日本人としての誇り」を取り戻すことなのです。

この第三編では、原点にかえって、日本人として最低限知っておかなければならないことを学ぶ中で、日本人としての誇りを取り戻していきたいと思います。

第七章　誇りある日本人たれ

第22話　日本男児と大和撫子

日本では、

「男は男らしく、女は女らしく」

という価値観をとても大切にしてきました。

それは、長い歴史の中で培われてきた文化です。もちろんそれは日本だけのものではなく、人間社会全体に通用する価値観でもあります。

そして男らしい男性を「日本男児」と、女らしい女性を「大和撫子《やまとなでしこ》」と表現して賞賛し憧れてきました。

撫子という花は、冬でもその寒さに耐えて可憐な花を咲かせる、つまり可憐《かれん》さと強靭《きょうじん》さを象徴しています。

最近ではサッカー女子の日本代表チームを「なでしこジャパン」と称し、イタリアの世界一のクラブチーム・インテルで活躍する長友佑都選手が『日本男児』という本を出していますから、どちらとも最近よく耳にする言葉かもしれませんね。

まず、男らしさと女らしさがなぜ大切な価値観なのかについて学んでいきましょう。

陰陽の法則

この世の中は宇宙の天体から原子の構造まで、命あるものから無いものまで、全て陽と陰、プラスとマイナスで成り立っています。

原子核はプラスで電子はマイナスですね。電気もプラスとマイナスです。植物はおしべとめしべ、動物は雄と雌で成り立っています。

我々人間は、男性と女性で成り立っていることは言うまでもありません。

男性が陽で女性が陰の法則です。

どちらが大事ということではなく、陰陽どちらも同じように必要なのです。

どちらがなくても万物は成り立たないのですから……。

陽と陰の働き

陽はプラスの原理で陰はマイナスの原理、陽は左（火足り）で火を表し、陰は右（水極）で水を表します。

さらに、陽は精神で陰は物質を表すとも言われています。

陽はプラスの働きですから、突き進む作用です。陰はマイナスの働きですから、退く作用です。

陽の原理が前に進み、その後を一歩退いて陰の原理がついてくる。

退くときはその逆です。だから行進するときは、左足、右足の順で前へ進みますが、後退するときはその逆で、右、左の順で退きます。

左進右退が宇宙の法則なのです。

男性女性の働き

男性女性は陰陽の法則そのものですから、おのずからその役割が違ってきます。野球に譬《たと》えると分かりやすいですね。

ピッチャーが男性でキャッチャーが女性です。ピッチャーが男性原理でどんどん投げてくる。キャッチャーは女性原理でスーとミットを手前に引きながらボールを受ける。ミットを前に出しながら受けると手が痛くて捕球できなくなるからです。その役割からキャッチャーのことを女房役と言います。

しかし、ピッチャーはキャッチャーのサインにしたがって投げます。ピッチャーをコントロールしているのは実はキャッチャーなのです。

男性と女性の役割は野球のバッテリーと同じです。双方が自分の役割を遺憾なく発揮してこそ名バッテリーなのです。

ですから男性女性それぞれにその役割を自覚して名バッテリーになっていくことが、社会は健全に発展するし、男性も女性も幸せなのです。

男らしさと女らしさ

男女それぞれの役割を発揮するというのは、男はあくまでも男らしく、女はあくまでも女らしくあれということです。

男らしさとは前に突き進んでいく勇気で、女らしさはその男の勇気をさらに奮い立たせてさらに活力を与える「明るく包み込む優しさ」です。

そのことを昔から「男は度胸、女は愛嬌」と言ったのです。

例えば、若い男女が公園でデイトをしています。そこに不良グループがやってきて女性に暴力を振るおうとします。その時連れの男性は身を挺して彼女を守ろうとするか、または女性を見捨てて自分だけ逃げるか。女性はどちらの男性を選びますか。

また、男らしさの基本は、死の恐怖に打ち勝つ勇気です。

古代から男は身を挺して女性や子供を守ってきました。狩猟時代は獲物をとって家族を養っていました。それは死の恐怖との戦いだったはずです。

農耕時代になっても、災害や侵略から家族を守るのが男の役割でしたから、死の恐怖との戦いだったことは同じです。

しかし、現代の日本社会は、平和な時代が続いたため、死の恐怖と戦うという機会が、世の男性から奪われたという側面もあることを指摘しなければなりません。

その結果、現代日本では「男性の女性化現象」が指摘されています。

これは女性にとって最も不幸なことです。


一方、「女らしさ」の根本は何かと言うと、「母性」です。

「命を産み育む」母性こそ女性らしさの根本です。

いろいろな事情で出産できない女性はどうなのかと言われそうですが、女性そのものが「母性」なのです。

しかし、フェミニズムやジェンダー・フリー（性差別を廃止しようとする思想・運動）の高まりの中で、女性らしさという価値観を敵視する風潮が生まれ、その結果、「女性の男性化現象」が顕著な傾向となっていることは、憂うべき状況だと言わなければなりません。

「女性の男性化」は男性にとって最も不幸なことです。

そして、「男性の女性化」「女性の男性化」という現代日本で起こっている特異現象は、民族の消滅につながりかねない深刻な危機だと言っても過言ではありません。

と言って女性が世に出て活躍することを否定しているのではありません。

現代社会は多様化しており女性でなければできない仕事や女性のほうが男性より能力を発揮できる仕事など無数にあります。

大事なことは男女それぞれの特性を発揮しあって調和した社会を作れるか否かなのです。

日本の男性よ、すべからく「日本男児」たれ。

日本の女性よ、すべからく「大和なでしこ」たれ。

これが日本の道徳の基本です。

第23話　国旗と国歌について

国旗と国歌は、その国の独立及び国家としての統一と主権の存在を象徴しています。

ですから、すべての独立国は国旗と国歌を定めていますし、国旗を侮辱したり損壊したりすることは国家への冒涜として処罰されます。

オリンピックやスポーツの国際試合などの表彰式で国旗が掲揚され国歌が流れますね。あれは勝者が属する国の名誉を称えているのです。ですから会場の観客は全員どこの国の国民であろうと関係なく起立して、国旗に注目するのです。

また世界中どこの国にあっても、国内においていろいろな儀式のときに国旗を掲揚して国歌を斉唱しますが、それは国民として自国への誇りと敬愛を示すための行為です。

ですから、起立し、脱帽し、直立不動の姿勢で（外国では右手を左胸にあてる）厳粛に国旗に注目し国歌を斉唱するのです。これができないと世界では最も軽蔑されることを知っていますか。

昔ソウル・オリンピックの陸上競技の表彰式の時、全員が起立して金メダルを取った米国の選手の名誉をたたえてアメリカの国歌が流れているとき、満員の観客席の中で座ったままの一団がいました。当然鋭い批判の目がその一団に集中しましたが、それは修学旅行を兼ねてオリンピック観戦に来ていた日本の高校生でした。

この様子はテレビで全世界に流れました。

皆さんはこのことをどう思いますか。

国旗「日の丸」の由来について

日本の国旗は「日の丸」または日章旗といいます。両方とも昇る太陽の旗という意味です。白地の中心の赤い丸は太陽を表します。

昔から神社の旗やのぼりに用いられ、十六世紀ごろから日本を表す旗として船に掲げられました（御朱印船）。

徳川時代の末期には、外国から続々と軍艦が来るようになりましたので、これに対抗してわが国の諸大名の中には大きい船を作るものも出てきました。

鹿児島の島津斉彬《なりあきら》公は、日本古来の歴史、日本という国号（太陽の出るところという意味）などを考えて、日の丸を日本の国旗に定めるよう幕府に進言しました。

その結果、幕府においても大きい船には必ず白地に日の丸の旗を掲げるようにと布告することになりました（安政元年七月十一日）。

国旗として正式に定められたのは、明治三（一八七〇）年のことです。

日の丸と白地の意味

日の丸は、太陽を表していることは先に述べたとおりです。「日いづる国・日本」を象徴するデザインです。

丸い形は円満を意味し、「和を尊ぶ」日本精神を表してもいます。

赤い色は、「赤き心」で真心や情熱を表します。

白地の意味は、清潔、潔白、正直、素直、潔さを表します。

「神州清潔の民」という言葉がありますが、それは清廉潔白《せいれんけっぱく》で潔いことが日本民族の特性であることを表しています。

本居宣長《もとおりのりなが》の有名な和歌に
「敷島の大和心を人問はば朝日に匂ふ山桜花」

とありますが、パッと咲いてパッと散る桜の花の潔さを、昔から日本人はこよなく愛してきたのです。

国歌君が代について

明治三十六年、ドイツで音楽家たちによる世界国歌コンクールが開催され、日本の「君が代」が見事に優勝したことを皆さんは知っていますか。

国歌というのは、その国のありかた（国体や国柄といいます）や、国民に共通する精神を表します。ですからどこの国の国歌も、極めて民族的なものになっています。

『君が代は千代に八千代に　さざれ石の　巌《いわを》となりて　苔のむすまで』

を直訳すると「天皇（日本の象徴である）の御世はいつまでも続いてほしい。さざれ石が大きな岩となって苔が生えるまでも」となります。

日本の国は立憲君主制をとっています。日本は、世界で最も古い家柄である皇室を中心にして栄えてきた国です。ですから天皇の御世がいつまでもと願うことは、日本及び日本の国民がいつまでも平和で栄えますようにと願うことなのです。

さざれ石というのは、細かい石のことです。その細かい石が何千万年という長い間に地殻の圧力で凝固してできた岩石を「礫《れき》」と言います。これは地質学的にも科学的な理論です。それが巌となる。それほど長くという意味なのです。

平成十一（一九九九）年に「国旗国歌法」の成立で公認される以前、明治の初めから君が代は国歌として扱われてきました。千数百年前に編纂された『古今和歌集』に出ている和歌の一つを歌詞として、宮内省（当時）雅楽課員らによって作曲されました。

日本の国歌と外国の国歌

日本の国歌と外国の国歌を比べてみると、いかに君が代が平和的な国歌であるかがわかります。アメリカ及び中国の国歌と君が代を比較してみましょう。

アメリカ合衆国国歌「星条旗」

「おお　見えるだろうか　夜明けの薄明かりの中　我々は誇り高く声高に叫ぶ　危難の中城壁の上に　雄々しく翻る　太き縞に輝く星々を　我々は目にした　砲弾が赤く光を放ち　宙で炸裂する中　われらの旗は夜通し翻っていた　ああ　星条旗はまだたなびいているか　自由の地　勇者の故郷の上に！」

中華人民共和国国歌「義勇軍行進曲」

「起て、奴隷となるな　我らが血と肉で築こう新たな長城を！　中華民族に最大の危機迫る　一人一人が最後の雄叫びをあげる時だ　起て！　起て！　起て！　我らすべてが心を一つにして　敵の砲火をついて進め　敵の砲火をついて進め　進め！　進め！　進め！」

これら両国の国歌だけでなく、ほとんどの国の国歌が極めて戦闘的な内容になっています。機会があったら世界の国々の国歌を調べてみるといいですね。

まとめ

世界中どこの国の国民でも、自分の国の国旗や国歌には最高の敬意を示すのが常識です。自分の国の国旗や国歌を大事にするからこそ、他国の国旗国歌にも敬意を払うことができるのです。これができない人間は世界中どこへ行っても軽蔑されます。

国際社会で通用するための第一歩は、国旗国歌に最大の敬意を払う、国民として当然の習慣を身につけることなのです。

戦後の日本では、日の丸は戦争の旗だとして排斥してきた勢力がありました。今もそうです。

広島の地で地元の方々から直接聞いた話です。

「日の丸の赤は、日本人が侵略戦争で流した中国やアジア人の血の色で、回りの白は、包帯の色だ」と教わって来た小学生の娘《こ》が、テレビに映った日の丸を見て「お母さん！あれを見て、何にも感じないの！」となじったというのです。

しかし皆さんは今日勉強してそれは間違いだとわかったはずです。

日の丸と君が代ほど平和的な国旗と国歌はありません。

自信と誇りを持って学校の行事で国歌斉唱をし、祝祭日にはお家に国旗を掲げる習慣を取り戻しましょう。

コラム

国歌「君が代」の歌詞を知らなかった高校生！

「三年前の高校一年の夏、福岡市の親善大使として派遣されたマレーシアの学校で、日本の国歌を歌えなかった。恥ずかしかったからではない。君が代の歌詞を知らなかった▼このエピソードには驚いた。先週末に開かれた土光杯弁論大会での、慶大生の弁論にあった。小中学校の反日教育が、どれほど子供たちの心を蝕んでいるのか、暗澹とするしかない」

これは産経新聞（平成二十六年一月十三日付）の「産経抄」というコラムで紹介されていた記事です。

ここで紹介されている慶大生は、決して特殊な例ではありません。私たちの調査では、高校生の半数以上が国歌「君が代」の歌詞を知りません。

小・中学校で教えられず歌わされずきた結果です。

日本のことを、やれ、侵略戦争をしてきた悪い民族だ。やれ、『君が代』は軍国主義につながるから歌ったらだめだ。なんて言ってきたから、若者はたまったものではありません。

自分は、こんなに悪いことしてきて世界中に迷惑をかけてきた人間たちの血を受けた子孫だと、思わされてきたのだから、若者が自己否定になって当たり前です。

「まえがき」の冒頭で紹介した、日本の高校生の多くが自己否定に陥っているという日本青少年研究所の調査は、まさに、このような「反日教育」の結果であると断定せざるを得ないわけです。

第24話　日本語に表れた「日本の心」

世界で最も短くて美しい言葉

世界には七十億の人類が住み、二〇〇近くの国と、五千から七千の言語があると言われています。その中で最も短くて、最も美しくて、最も深い意味を持つ言葉は、日本語の「はい」という言葉です。

私たちが何気なく使っている言葉、そして最も多く使う言葉ではないでしょうか。「はい」と明るく元気な返事が返ってきたとき、誰でも明るさと元気をもらいます。言葉には大きな力があることがわかります。

その「はい」ですが、漢字で書くと「拝」です。私たち日本人は「はい」と返事するとき、無意識のうちに相手を拝《おが》んでいたのです。

ですから最も短くて最も美しい言葉なのです。

相手の命を拝む

それでは相手の何を拝むのでしょうか。

それは相手の命を拝んでいるのです。

相手の命の本質である神性や仏性を拝んでいるのです。

日本人は、人の命は「日子《ひこ》」「日女《ひめ》」であると思ってきました。

お日様の子が彦、すなわち男性で、お日様の娘が姫、すなわち女性であるというわけです。

ですから「ヒト」は「日止」であって、お日様の命を止《とど》める存在なのです。

お日様とは神様のことです。

神様は、日本では大自然または大宇宙と同義語でもあります。

ですから「はい」と言って相手の命の「日止」なる本質を拝んでいるのです。

素晴らしい言葉ですね。

皆さんも今から「はい」と答えるときは、明るく元気に、「はい」というひらがなや「ハイ」というカタカナではなく、「拝」と漢字で返事するようにしましょう。すると相手も、「拝」と漢字で拝みながら応えてくれるのです。

「もったいない」に表れた日本の心

今はあまり使われなくなりましたが、昔はご飯をこぼすと「もったいない」、ものを粗末にすると「もったいない」と言って叱られたものでした。

「もったいない」は、漢字で書くと「勿体無い」となります。その語源は「物体無い」です。物体は物体に見えていても物体ではない。すべては神様仏様の命のあらわれであって、単なる「物」ではない。だから粗末にしてはいけないのです。

日本の心の素晴らしさはここにあります。

お釈迦様の言葉に「山川草木国土悉皆成仏《さんせんそうもくこくどしっかいじょうぶつ》」というのがあります。

山も川も草も木もそしてこの土地もすべて仏様の命の表れという意味です。

日本人の世界観や価値観、自然観は「山川草木国土悉皆成仏」そのままなのです。

自然に感謝し調和してきた日本の感性は、この「もったいない」に表れているのです。

世界を救う「もったいない」精神

ケニアの元環境副大臣でノーベル平和賞を受賞したワンガリ・マータイさんを覚えていま

すか。

二〇一一（平成二十三）年九月二十五日に亡くなりましたが、彼女の果たした功績は人類の未来に大きな足跡を残しました。

マータイさんは日本語の「もったいない」の精神が世界を救うと言って「MOTTAINAI」と発音そのままで世界の共通語として誕生させたのです。

世界の経済は急速に発展して「大量生産、大量消費、大量廃棄」の時代になりました。その結果、地球上の貴重な資源やエネルギーが枯渇し、地下水位が低下し、砂漠化が広がり、環境破壊が急速に進行しています。

ワンガリ・マータイさんは、この環境破壊を食い止め、人類を破滅から救うことができるのは、日本人の「もったいない」精神だと主張して世界中から注目を浴びたのでした。

「もったいない」精神で「物を大切にする文化」を作り出していけば、環境破壊を食い止めることができるという意味と、さらに、大きな意味は「もったいない」の精神は、日本人の自然に対する尊敬と畏敬と感謝であって、この自然観やそれに基づく文化こそが、世界を救うと世界中から注目されたのです。

働くことは「傍を楽にする」こと

次に日本語の「働く」という意味の言葉について考えてみましょう。

人が動くと書いて働くとなりますが、その意味は「傍楽《はたらく》」なのです。

「傍」すなわち周りの人々を「楽」すなわち幸せにすることが「働く」ことの意味だったのです。

これが日本の「勤労観」「労働観」です。

働くことは最高の喜びであり善なのです。

ところが欧米を中心とするキリスト教文化圏では労働観が全く違います。

旧約聖書の創世記に人類の始祖とされるアダムとイブの物語では、エデンの園で二人は神から禁じられた善悪の知識の木の実を食べた罰として、額に汗して働かなければ食料を得られないこととなったとあります。

つまり、労働は神から人間に与えられた罰というわけです。

ですから昔は欧米では労働は奴隷にさせました。

日本では、働くことは「善」ですから、歴代の天皇陛下が田植えや稲刈りを、皇后陛下が養蚕《ようさん》や機織《はたお》りを自ら率先してなさってきました。

こんな国はどこにもありません。

我が国は、第二次世界大戦で焦土と化した中から不死鳥のようによみがえり、世界に冠たる経済大国になりました。それは、この勤勉な国民性に負うところ大だと言わなければなりません。そしてその勤勉性は、日本独特の労働観から生まれたものです。

自分のためだけなら頑張るのにも限界があります。「傍」を「楽」にするため、つまり世のため人のために役立っていると実感できるからこそ、多少苦しくても働き甲斐を感じて頑張れるのです。

人間の本質は、そういうところにあるのです。

まとめ

以上、

「はい」

「もったいない」

「はたらく」

という三つの言葉を通して、日本の心、日本精神を学びました。

「はい」からは日本独自の人間観や人間関係のあるべき姿を、

「もったいない」からは日本独自の世界観や自然観そして価値観を、
そして「はたらく」からは、日本人の労働観、そして人生観を学ぶことができました。

これだけで日本文化の基本の精神がわかるのですから、日本語というのは本当にすごいですね。

この第24話で学んだことは、現代日本人のほとんどが教えられていません。

残念なことです。

今日から早速、家族や友達に教えてあげてください。

そしてこれらの言葉の意味を噛みしめて生活しましょう。

それができたら、日本人としての最高に美しく誇りある生き方になります。

第八章　尊敬される国際人として・国を愛する心

第25話　国を愛する権利と国を守る義務

国を愛することは国民の権利

日本国民として日本を愛することは、最も尊い国民の権利です。

愛国心というと、眉をしかめて拒絶反応を示す人々がいますが、日本以外の国ではありえない現象です。

なぜなら、自分の国を愛することは国民として最も自然な感情だからです。

なぜか戦後の日本の教育界やマスコミ界などでは、愛国心を否定する傾向が続いてきました。あたかも国を愛することが悪いことのように思われてきたのも事実です。

これらの考えは間違っています

世界で通用しません。

日本国民として祖国日本を愛することは、最も大切にされなければならない「国民の権利」です。

この権利は誰も侵すことはできません。

教育は、国を愛する心を育てることこそ、最大の目標としなければならないのです。なぜなら国民として自らの国を愛せないことほど不幸なことはないし、国を愛することができること以上の喜びや幸せはないからです。

また、自分の国を愛せない人間が、愛せない国の国民である同胞を愛することができるでしょうか。

自分の国を愛せない人間が、他の国々に敬意を抱くことができるでしょうか。

国を愛することは国民としての誰にも侵されることのない「権利」であり、同時に「義務」でもあります。

今からの時代は、日本国民として堂々と熱烈な愛国心を持って生きていく時代でなければなりません。

では、国を愛するとはどういうことなのでしょうか。

「愛」とは「自他一体感の感情」です。

つまり愛国心とは「国と自分の一体感」の感情なのです。

日本国と日本国民である自分が一体だと感じる心、それこそが「愛国心」なのです。

過去と現在、そして未来をも含めた、「日本」という悠久の生命の流れの中の一部である自分の生命の自覚を愛国心というのです。

国を守ることは国民の義務

国を愛することが国民としての最大の権利なら、国を守ることは国民としての最大の義務です。

愛する対象を守ろうとするのはごく自然な感情です。

愛する父や母、兄弟、子や孫、夫や妻、そして恋人などが身の危険に直面していたら、誰だって自分の身を顧みず守ろうとするでしょう。

それと同じように愛する祖国が危機に瀕したら、自分の身を顧みず国を守ろうとするのも、人間として極めて自然なことです。

自分は日本を愛していないから守らない、という人もいるかもしれません。しかし、少し考えれば、それはおかしいと気がつくはずです。

人は誰でもどこかの国民です。無国籍では人は生きていけません。国民の一人として国家の保障があるから自由に海外へも行けるし、国家が守ってくれるから財産権もあるし自由な人生を送ることができるのです。

もし、国家が他国から蹂躙《じゅうりん》されたら財産どころか自由すらも奪われてしまいます。いや命すらも保障されません。

今もチベットの人々は、中国から自由も文化も奪われて、独立運動に対しては中国軍による大量虐殺が行われてきました。常態化している中国によるチベットの人々への人権侵害は国際問題になっています。

ですから愛しているか否かにかかわらず、国を守ることはすなわち自分を守ることでもあるのです。生命はもとより人間としての誇りや精神の自由、平穏な生活、未来の可能性などを守ることなのです。

国を守るのは人任せで、自分は国の恩恵にだけ浴していたいなどという自分勝手は許されません。

もちろん、直接国を守る活動は、国防を第一の使命とする自衛隊です。そしてそれを支えるのが国民ということになります。

私たち一般の国民に求められるのは、国を守る強固な意志です。この国民の国防意識があってこそ、自衛隊は十分な働きができるのです。国民の支持と協力なくして国防は成り立たないのです。

しかし、日本は憲法九条で戦争放棄をうたっているから、国を守ることとは言え軍事力を行使することはできないという人々がいるのも事実です。

では他国の侵略から日本の独立や国民の生命や財産などは、誰が守ってくれるのでしょうか。

それよりも憲法の規定の方が大事なのでしょうか。

もしもそういう憲法ならば国民の意思で改正すべき重大な問題です。

「憲法守って国滅ぶ」ことを国民が望んでいるはずがありません。

誰でも平和であってほしいと願っています。

しかし、願うだけで平和は保てないことも国際社会の常識です。

国を守るという国民の強固な意識と、国を守るに十分な軍事力が存在して初めて平和が保てるのです。

国を愛する国民の権利と国を守る国民の義務が尊重される、健全で成熟した日本にしていくのは、今からの日本を担う皆さんたち若者の使命です。

第26話　天皇を中心としてきた日本の国柄

では私たちの国日本は、どんな国なのでしょうか。第26話では日本の国柄について学びます。

日本は、歴史的にも天皇陛下を中心としてきた国です。そしてそのことが私たち国民にとってどのような意味を持つのか考えてみたいと思います。それは日本人として最低限知っていなければならないことではないでしょうか。
まず、憲法で天皇についてどのように規定されているか見てみましょう。

現・旧憲法における天皇

日本国憲法の規定

第一章の第一条から第八条までのすべてが天皇に関する条項です。

第一条には次のようにあります。

天皇は、日本国の象徴であり日本国民統合の象徴であって、この地位は、主権の存する日本国民の総意に基く。

大日本帝国憲法（明治憲法）の規定

同じく第一章の第一条から第十七条まで天皇に関する条項です。

第一条　大日本帝国は万世一系の天皇これを統治す。

第四条　天皇は国の元首にして統治権を総攬し此の憲法の条規により之を行う。

国家の基本法である憲法において、旧憲法はもちろんのこと戦後の占領下にあってＧＨＱ（戦勝国連合国軍最高司令官総司令部）が英文で起草した現行憲法においてすら、第一章を天皇に関する規定としていることは極めて重要な意味があります。

天皇の地位は、戦前と戦後の憲法で表現の違いはあるけれども、実質的に日本の元首であり、日本の中心であることに違いはないということです。

つまり日本は立憲君主国です。これが日本の国柄なのです。

世界で最も古い国家日本

では明治憲法以前はどうであったのでしょうか。

日本の国は、紀元前六六〇年に神武天皇によって建国（これを肇国《ちょうこく》と言います）されました。ですから西暦二〇一四年（平成二十六年）二月十一日の建国記念の日（昭和二十三年までは紀元節と呼ばれていました）で建国二六七四年になります。

これを皇紀《こうき》といいます。

今上天皇（今の天皇陛下のこと、きんじょうと読みます）が第一二五代の天皇ですから、日本の国は、第一代の神武天皇以来一二五代、平成二十六年の時点において二六七四年にわたって、天皇を中心とした国家として続いてきました。

王朝の交代が一度もなく続いてきた国は、日本以外世界に例がありません。

日本は、世界で最も古い国家だということです。

世界の歴史は国家興亡の歴史

世界の歴史をひもといてみると、建国から二〇〇年以内に滅びる国が大半を占めています。五〇〇年以上続いた国は、世界の歴史で数えるほどしかありません。

中国は四千数百年の歴史があると言いますが、この間、王朝が三十回も交代しています。一つの王朝の平均寿命は一五〇年くらいでしかありません。しかもその中で、漢、宋、明だけが、漢民族が作った王朝で、他の二十七の王朝は周辺の他民族が漢民族を征服して作った王朝なのです。

現在の中国（正式名称は中華人民共和国）は、一九四九年に毛沢東率いる中国共産党が蒋介石の中国国民党との内戦に勝利して建国した国ですから、二〇一四年現在で六十五年の歴史だということになります。

世界で日本に次いで二番目に古い国は、デンマークで、十世紀後半に初代国王ゴームがバイキングたちを統合して建国したと言われています。

三番目はイギリスで、一〇六六年、ウイリアム一世によって建国されました。

アメリカは、イギリスとの独立戦争に勝利して、建国したのが一七七六年です。

フランスは一七八九年、フランス革命が始まった年の建国となっています。

ロシアは、一九九一年、ソヴィエト連邦から独立を宣言した年から始まりました。

日本の国が長く存続してきたわけは？

日本の国だけがどうしてこんなに長く続いてきたのでしょうか。

それは天皇と政治的な権力を分けてきたところに理由があります。天皇は権威であって直接政治権力を行使することは、ごく一時期の天皇親政の時代を除いて、原則的になかったのです。

これを「天皇不親政の原則」といいます。

明治憲法では、天皇に統治権と軍の統帥権があったではないかと反論が出るかもしれませんが、政府と軍の統帥部が決定したことを天皇が覆すことは、慣行として許されていませんでした。

つまり「天皇不親政の原則」は守られていました。

この原則が破られたことはただの一度もありません。

我が国の歴史の中で、政治に対して国民の反発や不信感が高まったとしても、天皇に向けられることはありませんでしたし、それどころか、そのような政治的な危機の際には、国民の中から神武天皇の「国民本位主義」の建国の精神に立ち還って出直そうという声が巻き起こって、政治体制を刷新することで乗り越えてきました。

天皇を中心とする国柄は微動だにしなかったのです。

我が国の歴史の最大の特徴は「革命」ではなく「維新」によって、国家の危機を回避するという民族の英知によって、歴史は断絶せず、世界最古の国家として存続してきた点にあります。

時の権力者たちは、自ら天皇になろうとはせず、天皇から関白や征夷大将軍などとして任命を受けて初めて権威が付与され、政治権力をふるうことができたのです。

諸外国ではこのような時、古い王朝を廃絶して新しい王朝を立てたり、革命によって新しい国家を作ってきました。

その都度、歴史は断絶してきたのです。

天皇は国民一人一人の幸せを祈る存在

以上述べたとおり「君臨すれど統治せず」が天皇の本質なのです。

では「統治しない天皇」とはどんな存在なのでしょうか。

簡潔に表現すると、天皇とは「国民一人一人の幸せと国家の安寧《あんねい》を祈る存在」だということです。

歴代の天皇陛下は、宮中祭祀《きゅうちゅうさいし》といって、年間二十回以上にわたって天照大御神様《あまてらすおおみかみさま》やご皇室のご先祖様、そして全国の八百万《やおよろず》の神々にお祈りを捧げられています。

一貫して国家の安寧と国民一人一人の幸せを祈ってくださっているのです。それは天照大御神の心——皆が幸せになってほしいという願い——を自らの心とされる古からの伝統精神に基づいたものなのです。

天皇陛下は毎朝毎夕、そしてことあるごとに「国安かれ民安かれ」(国が平和でありますように、国民が幸せでありますようにという意味)と祈りを捧げられています。

この「祈る存在」としての天皇の権威を国家の中心としてきた「国のかたち」が「日本の国柄」なのです。

私たち国民一人一人を何の分け隔てもなく平等に幸せを祈っていてくださる天皇陛下が、日本国の中心であり、そして日本を代表する存在であるということは、時の政治権力が腐敗したり国民を苦しめたりして混乱に陥った時、国家を立て直す大きな復元力となって、他国にない国家存立の安定性を発揮してきた根本的な要因でした。

世界史上、絶え間なく繰り返されてきた国家崩壊という国民にとって最大の悲劇を、一度も経験することのなかった幸運は、日本独自の国柄によってもたらされたものだったのです。

このことは、私たち国民の最大の幸福と言わなければなりません。

第27話　日本の建国の理想

第八章「尊敬される国際人として・国を愛する心」という題での話は、第25話「国を愛することは国民の権利、国を守ることは国民の義務」、第26話「天皇陛下を中心とする日本の国柄」の素晴らしさについてでした。

第27話では、「日本の建国の理想」の話をしたいと思います。

学校には建学の精神があり、会社には創立の理念があるように、国家にもそれぞれに建国に当たって掲げられた理想と精神があります。

それぞれの国家は、その精神を最も大事にしています。その建国の精神を国民が共有することで、国家としての統一性や国民の一体感つまり「絆」が保たれるからです。

「建国の理想」は、国家が国家として存立するために最も重要な要素なのです。

神武《じんむ》天皇による日本の建国

日本の国づくりについては、古事記《こじき》や日本書紀《しょき》に詳しく記されていますが、ここでは日本人の一人として最低限知っておかなければならないことについて勉強しましょう。

日本が統一国家になる以前は、いくつもの部族に分かれて、お互いが争っている状態でした。

カムヤマトイワレビコノミコト（のちの神武《じんむ》天皇）は、それらをまとめ上げるために、様々な抵抗にあい、苦難を重ねますが、ついに大和（ヤマト・今の奈良県）において国家統一の大事業を成し遂げられました。

そして橿原《かしはら》（現奈良県橿原市）に都を開かれて、日本の国を建国（肇国《ちょうこく》）し、第一代天皇に即位されたことを宣言されました。

「建国即位《けんこくそくい》の詔《みことのり》」がそれですが、その中に日本の建国の理想と精神が示されているのです。

日本が混乱し危機に陥った時、我が国では革命ではなく、その都度、「維新」によってその危機を克服し、その結果歴史は断絶することなく二六七四年（西暦二〇一四年現在）も続いてきたことは、第26話で学びましたが、「維新」というのは、この「建国の詔」に示された精神に立ち還って反省し、出直すことでした。

ですから、私たち日本人にとっては、長い歴史の中で蓄積されてきた、精神構造の基礎となっているものだと言えます。

従って、「建国の精神」を知ることは、自分自身の本質を知ることでもあります。

日本建国の理想と精神

それでは、日本の建国の理想と精神とはどのような内容なのでしょうか。

それは皇室の祖先とされる天照大御神《あまてらすおおみかみ》が、その孫ニニギノミコトに、皇位継承《こういけいしょう》の証である三種《さんしゅ》の神器《じんぎ》「ヤタノ鏡、アメノムラクモノ剣、ヤサカニノ勾玉」を授けて、天上から地上に下されたとき（天孫降臨《てんそんこうりん》）の次の言葉が元になっています。

「この日本の国は、私の子孫である天皇が治める国です。それは天地が永久に存続するようにいつまでも、永遠に栄えていくことでしょう」（天壌無窮《てんじょうむきゅう》の神勅《しんちょく》・現代語訳文責筆者）

神武天皇は、その天孫ニニギノミコトから数えて四代目に当たりますが、その建国即位の宣言のお言葉は次の通りです。

「自分は、聖人の自覚を持って、国家としての制度を作っていくが、それは時代に応じて柔軟に対応するものです。いやしくも国民に利益があることならば、聖人の行う政治にとって何の妨げもありません（国民のための政治が日本の政治の基本であるという意味）。山林を拓いて皇居を作り、謹んで天皇の位について、すべての元の元であり大御宝《おおみたから》である国民を治めていきます。

天照大御神がニニギノミコトにこの国を授けられた天徳にこたえ、祖先の行ってこられた道義正しい心を広めていきます。

その後に、すべての国の人々が、一つ屋根の下で家族のように暮らせる世界にしようではありませんか。」（現代語訳文責筆者）

国民本位主義

この建国の詔で注目すべきは、徹底した「国民本位主義」で貫かれている点です。

諸外国の皇帝や権力者たちは、土地や国民を私有化して支配し、権勢をほしいままにするのが常でした。

しかし、日本の天皇は、この神武精神に則って、そのような考えを排斥されてきました。

西暦六四五年の大化の改新にその理念がよく表れています。

孝徳天皇は「改新《かいしん》の詔《みことのり》」を発して、蘇我氏をはじめとする豪族たちによって私有化されていた土地と人民を、「公地公民・班田収授法」などの大改革を断行して、国民を豪族の支配から解放し、土地を国民に開放されました。

天皇が国民を治められることを「シラス」といいます。

その意味は、国民の生活や希望、苦しみをよく知って、衆議を尽して（みんなで意見を出し合って）国を治め、国民を「大御宝《おおみたから》」として大切にして、国民が不安なく暮らしていけるようにしていくということであって、それが我が国の建国の精神だったのです。

日本に民主主義が入ってきたのは、第二次世界大戦で日本が敗戦国になってアメリカからもたらされたのだと言われていますが、とんでもない間違いだとわかったと思います。

日本は二〇〇〇年以上も前の建国の時から、今の民主主義よりもっとすぐれた「国民本位主義」の国だったのです。

徳治主義《とくちしゅぎ》と道義国家

さらに日本は、経済や権力で国民を支配するのではなく、「徳」の持つ力で治めていく国であることが宣言されています。昔は、政治のことを「まつりごと」といっていましたが、それは天皇は国を治めるにあたっては常に神様の心に叶っているかどうかを自問し（真釣《まつ》り合わせて）、臣下は天皇の御心に叶っているかどうかを自問しつつ政治を行うことを意味していました。

外に向かっては、道義正しい心を広めていく、つまり、「道義」を実現する国家であることが、建国の精神でうたわれています。道義とは人の行うべき正しい道という意味です。

明治維新以降の日本の近代史は、まさに「道義」を貫いた歴史でした。日清、日露、大東亜という三度の国運をかけた戦争によって、白人による植民地支配から被支配民族を解放したのですから……。

世界一家の理想

徳を積み道義を広めたのちに、すべての国の人々が一つ屋根の下で家族のように暮らせる世界にしようという世界連邦構想とでもいうべき大理想について、パール・ビース博士（エール大学教授）は、次のように述べ高く評価しています。

「人類は、五千年の歴史と二度の世界大戦を経験した結果、一つの世界を理想とする国連憲章を結んだが、日本の建国者は、二千年も前の建国の当初に、世界一家の理想を述べている。これは人類史上、注目されるべき発言であろう。」

この尊く宏大な理想こそ、私たち日本人の民族的使命であり、国家目標とすべき究極の大ロマンではないでしょうか。

第28話　日本文明は世界七大文明の一つ

国際人として認められ尊敬される人物とは、外国語に堪能であるとか、外国の文化に詳しいとかいうことももちろん重要ですが、それだけではありません。

もっと重要なのは日本の歴史と文化への豊富な知識と誇りを持っていることと、強い愛国心の持ち主であることです。

そして日本人として世界に貢献する志を持った人物です。

世界で一番人気がある日本

イギリスのＢＢＣ放送が世界三十か国以上の国で「世界に良い影響を与えている国はどこか」というアンケート調査を実施した結果、ほぼ毎年日本が第一位を占めているそうです。平成二十四（二〇一二）年の結果は、日本五八％、ドイツ五六％、カナダ五三％、イギリス五一％でした。

世界中が日本を高く評価していることを知らないのは私たち日本人だけといっても過言で

はありません。では、日本がなぜそんなに人気があるのでしょうか。

「日本的なかっこよさ」という意味の「クール・ジャパン」という言葉が世界中で流行っているそうですが、それは日本のポップカルチャーを愛してやまない欧米の若者たちによって広められました。

「ポップカルチャー」について日本の外務省のポップカルチャー専門部会は「一般市民による日常の活動で成立している文化」であり「庶民が贖《あがな》い、生活の中で使いながら磨くことで成立した文化であって、これを通して日本人の感性や精神性など、等身大の日本を伝えることができる文化」と定義しています。

つまりポップカルチャーを代表するマンガやアニメは、今や日本人の感性や精神性などを世界に紹介し、世界の若者があこがれ、世界の文化に大きな影響を与えているということなのです。

その日本人の感性や精神性とは何なのでしょうか。

それは日本の独自の文明から生まれたものなのです。

日本文明は世界の七大文明の一つ

世界の文明を大別すると、

西洋キリスト教文明、ロシア正教文明、イスラム文明、ヒンズー文明、中華文明、中南米ラテン・アメリカ文明、日本文明、

であり、二十一世紀はこれらのせめぎあいによって世界が動かされていくと、二十世紀を代表する文明学者の一人であるサミュエル・ハンチントンが言っています。

これらの文明は複数の国家で一つの文明圏を構成していますが、日本文明だけは日本だけの一つの国家で一つの文明圏を構成しているというのです。

つまり、日本文明は独自の文明なのです。

日本文明の特徴

作家で慶応義塾大学講師の竹田恒泰氏によると、民族の価値観は「自然観」「死生観」「歴史観」の三つの柱に支えられているということですが、文明も同じくこの三つの柱によって成り立っているのではないかと思います。

日本人の「自然観」は、第24話で紹介した「もったいない」という日本の言葉で象徴されています。

自然界のすべては、命あるものそうではないもの一切は「物体ではない」、つまり神仏の命の表れであり、大自然が神そのものであるとみてきたその価値観です。

大自然は神の命そのものですから、当然人より上位にあるということになります。人は自然に生かされている存在ということです。

しかしほかの文明圏の価値観ではそうではありません。

この点がまず違うのです。

次に、日本人の「死生観」は、「同じく第24話で紹介した「傍楽文化」の価値観に表れています。「はたらく」ことは「傍」つまり周りの人々を「楽」つまり幸せにする行為だとしてきた価値観のことです。

自分のために生きる人生ではなく他者のために、世のため人のために生きる人生こそが生き甲斐であり、かつ、美しく尊いものとしてきた価値観です。

他の文明圏の徹底した個人主義の価値観とは、むしろその対極にあると言ってもよいでしょう。

これらの日本文明の特徴は、戦後否定され続けてきましたから、日本人の心から消えているかと思われていましたが、あの東日本大震災の時、被災者の皆さんが被災地で示された振る舞いのなかに、日本文明の特徴である「自然観」と「死生観」が息づいており、それが甦ったという事実が、世界中の人々を感動させました。

もう一つの「歴史観」は、戦後の日本人を自縛してきた「自虐史観」によって、歪《いびつ》なままになっていることが、日本文明の最大の危機と言わなければなりません。

日本文明は高度な精神文明

以上のような日本的な価値観を、日本精神と言ったり日本の心と言ったりします。日本文明というのは「精神的」なところがその神髄なのです。

先述の竹田恒泰氏が雑誌の編集者から聞かれたことによれば、日本の雑誌に連載するマンガに必要な条件は「正義」だそうです。

日本のマンガやアニメにはその根底に「正義」や「正直」「勤勉」などがあって、それが世界中に「クール・ジャパン」となって広がっているというのです。

このような日本文明の精神性は、「神道」と「仏教」が基礎になっていると、多くの識者が分析しています。

特に神道は日本独自の精神性と感性を育み、日本文明の中核をなしてきましたが、その元となったのが『古事記』や『日本書紀』の「日本神話」です。

日本には伊勢神宮をはじめとして、全国各地に神明さま、お稲荷さま、住吉さま、春日さまなどの神社がありますが、その多くが「神話」の中に出てくる神様が祀られています。

つまり、皆さんが神社に初もうでや七五三などでお参りに行くのは、神話の世界の延長線上に現代が継続しているということを意味します。

神話と現代が一体となった価値観、これこそ世界に誇る日本文明の最大の特徴なのです。

参考文献

竹田恒泰著『日本はなぜ世界で一番人気があるのか』（ＰＨＰ新書）

『正論』二十五年二月号「日本を好きになるためのヒント」（竹田恒泰記）

中西輝政著『日本人としてこれだけは知っておきたいこと』（ＰＨＰ新書）

他

第四編　歴史編

コラム
日本人の誇りを取り戻すために！
―正しい日本の近代史を学ぶ―

一七二ページのコラムで戦後の反日教育の結果、日本の高校生の多くが自己否定に陥っていることを述べましたが、そもそも「反日教育」とは何なのでしょうか。

日本は大東亜戦争（太平洋戦争）に敗北しました。そして戦争が終わってアメリカを中心とする戦勝国が、勝者の論理で、日本を裁きました。

極東国際軍事裁判（いわゆる東京裁判）がそれです。

「勝者の論理」というのは「勝てば官軍、負ければ賊軍」という言葉がありますが、これです。つまり、勝った方がすべて正しくて、負けた方はすべて悪という論法です。

この裁判などで、大東亜戦争（太平洋戦争）は、日本が一方的に仕掛けた侵略戦争であってすべて日本が悪かったとされ、A級、B級、C級戦犯として、多くの日本人が有罪となりました。

この裁判で規定された、日本を侵略国家だったとする歴史の見方を、東京裁判史観と言います。

そして、この東京裁判史観を、日本人が肯定的に受け入れると「自虐史観《じぎゃくしかん》」（自らを虐《しいた》げる歴史観）となり、この自虐史観にたって教育を行えば、「反日教育」となります。

つまり、日本人でありながら日本に反感を持つ国民を育てる教育ということです。

この反日教育が、若者の心を蝕《むしば》んできた原因であることは間違いありません。

この自虐史観の根拠である東京裁判がどんな裁判だったのか、そして、そこで下された判決は正しかったのか、そうではないのか、さらにはこの裁判で規定された日本を侵略国家とする歴史観は本当なのか、違うのかを、冷静に、そして予断を排して、公平な立場で歴史を検証することは、若者が自信と誇りを取り戻すうえで、極めて重要であり、高校生のための道徳教育上、避けて通ってはならないテーマです。

本書では、日本の近現代史に絞って――第29話、第30話「植民地時代を終わらせた日本の近代史」と題し――東京裁判史観が正しいのか、そうではないのかについて検証します。

第29話　植民地時代を終わらせた日本の近代史
（その一　明治維新から日露戦争開戦まで）

昭和二十（一九四五）年までの世界は植民地時代のピーク

昭和二十年は大東亜戦争（太平洋戦争）が終戦となった年ですが、それまでの世界は植民地として支配される国々と、支配する国々とに大きく二分されていたなんて高校生の皆さんには信じられないことかもしれません。

ヨーロッパやアメリカなどの白人国家が支配し、アジアやアフリカ、中南米などの有色人種の国々は支配される方でした。

植民地というのは、軍事力で他の国を侵略し、独立を奪い、富を奪い、その国の国民の自由を奪い、牛馬のようにあるいは奴隷のように支配することです。

それは、白人世界では、白色人種のみが人間で、有色人種は人間以下の動物とみなす人種差別がまかり通っていたからにほかなりません。

植民地時代は、一四九二年のコロンブスによるアメリカ大陸発見に端を発する「大航海時代」から始まりました。そして十九世紀から二十世紀初頭の世界はその頂点にあった時代でした。

明治維新はなぜ起こったか

そのような国際情勢の中にあって植民地支配が及んでいない、つまり最後に残されていたのが東アジアでした。

しかし東アジアといっても清国（今の中国）はイギリスにアヘン戦争で負けて、欧米列強（植民地を支配している国々）のなすがままという状態だったし、朝鮮（今の韓国と北朝鮮）はそんな清国の属国に甘んじていましたから、真に独立国と言えるのは日本だけというありさまでした。

欧米列強がそんな日本を見逃すはずもありません。

江戸時代末期（幕末）の日本は、圧倒的な国力・軍事力・科学技術を持つ列強の脅威の前に立たされていました。

その脅威から日本を守るために、古い幕藩体制をやめ新しい中央集権体制に移行して、欧米列強に対抗できる国家を築こうとしたのが明治維新でした。

日清戦争

明治維新に成功した日本の安全と独立は、朝鮮半島情勢に大きく左右されることとなります。

地政学的に日本の宿命と言えるのです。

したがって日本は、朝鮮と友好関係を構築したいと念願していました。

しかし朝鮮半島は地理的に大陸からの侵略を受けやすい地形にあり、当時の朝鮮は列強の言いなりになっている清国の現実に目を向けず、その力を過信して属国に甘んじ、鎖国を続けていて、この様な国際情勢には全く無関心でした。

そのような朝鮮国内にあって、清国の属国の立場を維持する考えの事大党と言われる勢力と、清国から独立すべしとする独立党の対立が生まれました。独立党が頼りにしたのは日本の友情だったことは自然の流れだったと言えます。

独立党は明治十七年に政権を取ることに成功しましたが、清国軍の軍事介入でわずか三日で敗れ、再び事大党の天下となりました。

そんな中、明治二十七年に東学党の乱が朝鮮国内で起こりました。

清国はこれに乗じて大軍を派遣し、日本の影響、すなわち朝鮮独立の動きを一掃しようと日本軍の撤退を求めたため、日本と清国の戦争となりました。

これが日清戦争です。

日本は圧倒的な戦力を誇る清国軍を、陸に海に、一方的に連戦連勝して、明治二十八年四月十七日、日清戦争は日本の勝利で終わりました。

同日、山口県下関において日本と清国の間で講和条約が調印されましたが、その講和条約の第一条で、「朝鮮国（韓国）の独立の確認」がなされたことは、この日清戦争の目的が朝鮮半島の独立にあったことを証明しています。

その他、遼東半島や台湾などの割譲が盛り込まれました。

遼東半島割譲となったのは、同半島が朝鮮半島の根っこにあり、朝鮮の独立維持のため極めて重要だったからです。

日露戦争・開戦まで

日清戦争の勝利で、日本は清国に対して、朝鮮半島の独立を認めさせ、遼東半島を割譲させましたが、これは朝鮮半島の背後からロシアなどの大国の圧迫を防ぎ、せっかく勝ち取った朝鮮半島の独立を維持するために必要なことでした。

朝鮮はこれにより悲願の独立を果たし、近代化への道を歩むようになったのです。

しかしその直後にロシアはドイツ、フランスと図って遼東半島を放棄するよう日本に軍艦十五隻で圧力をかけて迫ります（三国干渉）。

終戦直後の日本は国力が疲弊しており、これをやむなく受け入れるしかありませんでした。ところが、ロシアはその三年後には、遼東半島を我が物とし、その突端にある旅順に大要塞を築いて軍港も開港し、極東制圧の拠点としました。

ロシアは、明治三十一（一八九八）年に旅順に続いて大連を、明治三十三（一九〇〇）年には満州を占領し、そして朝鮮との国境に要塞を次々に築くなど、朝鮮侵略の意図を明らかにしていきました。

日清戦争の勝利で、朝鮮は独立の悲願を達成することができましたが、三国干渉に屈した日本を見て侮《あなど》り、今度はロシアにすり寄り、自らロシアによる朝鮮侵略のきっかけを作ってしまったのです。

そして、ついにロシアは、明治三十六（一九〇三）年五月、鴨緑江《おうりょくこう》を越えて朝鮮侵略を開始しました。

満州・朝鮮がロシアに支配されたら、日本は風前の灯となり、日本の存立は根底から脅かされ、やがて必ず隷属化（植民地化）されることになります。

日本は自らの独立の維持と国家の生存を守るため、ロシアによる満州と朝鮮支配を阻止しなければならなくなったのです。

こうして明治三十七（一九〇四）年二月九日、日露戦争が始まりました。

当時の日本とロシアの力の差は、ロシアが国力十倍、陸軍力十倍、海軍力三倍と圧倒的に優勢で、世界中の人々はロシアの圧勝を信じて疑いませんでした。

しかし、日本は勝ったのです。


（第30話に続く）

第30話　植民地時代を終わらせた日本の近代史（その二　日露戦争から大東亜戦争終戦まで）

日露戦争 ― 陸軍の戦い

陸軍は総司令官大山巌のもと第一軍から第四軍よりなる満州軍が編成され、緒戦から連戦連勝の戦いを繰り広げました。

その中で乃木希典《のぎまれすけ》率いる第三軍は旅順要塞を攻撃しました。世界に比類のない難攻不落の要塞と言われる旅順要塞の攻撃は困難を極めました。日露戦争最大の激戦となり甚大な犠牲を出しながらも二〇三高地を占領し、明治三十八（一九〇五）年一月二日、ついに旅順を陥落させました。

その後、第三軍を加えた日本陸軍は、最後の戦いとなる奉天《ほうてん》（現在の遼寧省瀋陽）会戦に臨みます。

ロシア軍は絶対優勢であったにかかわらず、敵の総大将クロパトキンは、旅順を落とした乃木軍の強さを恐れるあまり、全軍の退却を命じました。

日本軍は、明治三十八年三月十日、奉天を占領し、陸軍の戦いは世界一のロシア陸軍を相手に連戦連勝の勝利を収めたのです。

日露戦争 ― 海軍の戦い

海軍の戦いも困難を極めました。ロシア海軍は世界第三位の戦力を誇り、戦艦数で日本の連合艦隊の二・五倍でした。

東郷平八郎提督率いる日本の連合艦隊は、戦艦六隻の戦力でなるべく一隻の損害も出さずに、旅順を基地とする太平洋艦隊（戦艦七隻）を全滅させたうえで、はるばる喜望峰を迂回してくるバルチック艦隊（戦艦八隻）を迎え撃たなくてはなりませんでした。

しかし、黄海海戦と蔚山《うるさん》沖海戦で貴重な戦艦二隻を失い、戦力は戦艦四隻となりましたが、東郷提督は泰然自若として部下を励まし、連合艦隊の将兵の士気はさらに高まりました。

そして、旅順要塞を攻略した陸軍の協力で、旅順港を基地とするロシアの太平洋艦隊を全滅させることができたことで、いよいよバルチック艦隊を迎え撃つこととなりました。この戦いもまた敵を全滅させなければ、大陸に展開している陸軍が孤立し、日露戦争は敗れることになります。

五月二十七日早朝、対馬海峡めざして北上するバルチック艦隊発見。

「皇国の興廃この一戦にあり。各員一層奮励努力せよ」

との東郷提督の指揮の下、連合艦隊がとった作戦は、「敵前回頭」です。

この作戦は味方に不利と思われる作戦ですが東郷提督の狙いは、あえて隙を見せて敵を全面的な戦いに誘い込むことでした。

一隻でもウラジオストックに逃げ込まれては、大陸の陸軍が孤立します。

全面的な戦いの幕は切って落とされました。

戦闘は二十七日、二十八日の二日間続き、卓越した東郷提督の指揮のもと、将兵の士気、闘志、練度は敵を圧倒し、「敵前回頭」の狙いは的中し奇跡的大勝利となりました。

敵戦艦六隻撃沈、二隻降伏、その他は大半が沈没か第三国の港に逃げ込むかしてバルチック艦隊は武装解除されました。

対して、我が連合艦隊はほとんど無傷で、まさに奇跡的な大勝利となったのです。

日露戦争の世界史的意義

日露戦争は、こうして日本の勝利に終わりました。

世界中の予想に反して、アジアの小国日本が大国ロシアに勝ったのです。

それまでの世界は白人国家による有色人種支配の歴史でしたが、植民地として虐げられてきたアジアの人々はもちろんのこと、帝政ロシアの侵略におびえていた北欧などの国々をも狂喜させました。

人々は勇気と自信を取り戻し、各地で独立運動が起こるきっかけとなりました。

大東亜戦争 ― 開戦への道

日露戦争終戦の仲介役を引き受けてくれたのはアメリカでした。

植民地獲得競争に後れを取っていたアメリカの思惑は、これを機に満洲へ利権を求めて進出することにありました。

満州における日米の利害の対立は、やがて大東亜戦争開戦へと発展していくのです。

その後、アメリカは、アメリカ国内での日本人移民への極端な排斥運動や、シナ事変での蒋介石軍への軍需物資の援助、日米通商条約の一方的破棄、アメリカ主導によるABCD経済包囲網の構築（アメリカ、イギリス、中華民国、オランダによる日本に対する経済封鎖）日本への石油の全面禁輸と立て続けに日本への極端な圧力をかけてきます。

一方日本は、アメリカへの移民を締め出された人々を中心に、大勢の人々が満洲へ移住していく中で、日本人移民を守るために派遣されていた関東軍が、満州全土を制圧しました。

欧米列強は、これを機に日本を満州から追い出そうと国際連盟を利用して勧告を出します。

日本はこれに抗して「五族協和の王道楽土」を掲げて満州国を誕生させました。

この満州国を認めない国際連盟を日本は脱退し、日・独・伊三国同盟を締結しました。

中国大陸では、中国共産党が画策し蘆溝橋《ろこうきょう》事件が勃発し、これを機に日中は戦争状態に突入していきました（日中戦争と言われていますが、正しくはシナ事変）。

このような状況下にあって、日本はアメリカとの戦争は何としても避けたいとの思いで、アメリカの理不尽な外交圧力に妥協を重ねてきましたが、最後通牒（実質的宣戦布告）というべき「ハル・ノート」を突き付けられ、日本はやむなくアメリカとの戦争に突入することとなりました。

「戦わなくても国は滅びる。戦っても滅びるなら戦おう。戦わなくて滅びれば、身も心も永遠の亡国だが、戦って国を守る精神に徹すれば、たとえ負けて我々が滅んでも祖国を守る精神が残り、子孫がこの国を再建してくれるに違いない」

との、永野修身海軍軍令部総長（当時）の言葉は、当時の国民の悲痛な思いを代弁したものと言えるでしょう。

大東亜戦争の開戦

昭和十六（一九四一）年十二月八日、日本は米・英両国に対して宣戦布告し、海軍は真珠湾を攻撃、陸軍はマレー半島コタバルに上陸を敢行し、大東亜戦争が始まりました。

真珠湾攻撃は大成功し、米海軍太平洋艦隊に壊滅的打撃を与えました。

コタバルに上陸した陸軍は、マレーシアを植民地として数百年の間支配してきたイギリス軍と戦い、わずか五十五日間でマレー半島を占領、開戦七十日後にはシンガポールは陥落し、イギリス軍は日本軍に無条件降伏しました。

その後も日本軍は破竹の勢いで進撃し、半年で東南アジアと西・南太平洋の広大な地域を占領しました。

日本政府は、開戦直後に、この戦争を「大東亜戦争」と決定し、戦争の目的として「自存自衛」と「東亜新秩序の建設」（アジアの植民地からの解放）を掲げました。

日本の占領下となり、欧米の植民地から脱した東南アジア各国では、日本の後押しで独立への動きが活発化しました。

大東亜戦争の終戦

昭和十七年六月のミッドウエー海戦で敗れたのをきっかけに、それまでの破竹の勢いは消え、戦局は逆転していきました。サイパン島など南太平洋の島々で日本軍守備隊の玉砕が相次ぐ中、日本本土への爆撃、沖縄への米軍の上陸と戦局はますます悪化する中、起死回生の日本の若者による特攻攻撃をはじめとして、日本軍の必死の防戦が繰り広げられました。

しかし、米軍は昭和二十年三月十日の東京大空襲をはじめ、全国六十余りの主要都市を無差別に空襲し、ついに八月六日には広島、同九日には長崎へ、世界で初めての原爆投下を行い、数十万の人々を殺戮し、両市に壊滅的被害を与えました。

このような中、昭和二十年八月八日、日ソ不可侵条約を一方的に破棄したソ連（現ロシア）軍が対日宣戦し、満州、南樺太、北朝鮮に侵入、日本降伏後の八月末には北方領土を含む千島列島を占拠しました。

日本政府は、終戦への仲介役を期待していたソ連が参戦となった直後の八月九日、日本に降伏を求める連合国のポツダム宣言の受諾をめぐって御前会議（天皇ご臨席のもと開かれる会議）を開きました。

受諾して降伏する意見と、本土決戦で最後まで戦うべしとする意見とに会議は二分され収拾がつきません。

司会役の鈴木貫太郎総理は、天皇陛下に御聖断を仰ぎました。

天皇陛下は
「自分の身はどうなっても構わない。一人でも多くの国民に生き残ってもらい将来の日本の再建に立ち上がってもらうほか、この日本を子孫に伝える方法はない」

と仰せられ、終戦の御聖断が下ったのです。

八月十五日、日本は降伏し、大東亜戦争は終戦となりました。

日本の近代史は世界の植民地時代を終わらせた民族の壮大なドラマだった

十九世紀から二十世紀初頭にかけて猛威を振るっていた植民地時代にあって、有色人種の国家として唯一の独立国家であった日本は、自国に対する欧米列強の侵略の圧力と戦って、なおかつ、植民地時代を終わらせ人種差別のない世界にすることが宿命づけられていたのです。

明治維新に始まり大東亜戦争に終わる我が国の近代史は、この宿命に翻弄され、大きな犠牲を払って、孤軍奮闘、孤立無援の壮絶な戦いの歴史でした。

大東亜戦争は日本の敗北に終わり、かつての支配者たちは再び植民地支配をとアジアへ舞い戻ってきましたが、一度、大東亜戦争によって独立を現実のものとした体験は、アジアの人々の誇りと独立への燃える情熱を抑えることはもはや不可能でした。

独立への機運は世界史の中で怒涛《どとう》の流れとなり、かつて植民地だった有色人種の国々は、陸続として独立していくこととなりました。

結果的に、大東亜戦争後の世界は、植民地時代に終わりを告げ、人種平等の世の中になったのです。

日本がもし、独立を守るために戦わず、欧米列強の植民地となっていたら、世界は今でもまだ植民地時代が続いていたに違いありません。

日本の近代史は、世界の歴史を転換させた我が日本民族の壮大なドラマだったのです。

コラム

戦後独立していった植民地

一九四五　インドネシア（オランダから）
一九四六　フィリピン（アメリカから）
一九四七　インド（イギリスから）　パキスタン（イギリスから）
一九四八　ビルマ（現・ミャンマー）　セイロン（現・スリランカ）（イギリスから）
一九四九　カンボジア（フランスから）
一九五〇　ラオス（フランスから）
一九五七　マレーシア（イギリスから）

大東亜戦争に対するアジアの人々の評価

ククリット・プラモード（タイ元首相）

日本のおかげでアジアの諸国はすべて独立した。

日本というお母さんは難産をして母体を損なったが、生まれた子供はすくすくと育っている。今日、東南アジアの諸国民が米英と対等に話ができるのは，いったい誰のおかげであるのか。それは身を殺して仁をなした日本というお母さんがあったためである。

十二月八日は、我々にこの重大な思想を示してくれたお母さんが、一身を賭して重大決意をされた日である。

我々はこの日を忘れてはならない。

ラジャー・ダト・ノンチック（マレーシア上院議員）

私たちやアジアの多くの国は、日本があの大東亜戦争を戦ってくれたから独立できたのです。

日本軍は、長い間アジア各国を植民地として支配してきた西欧の勢力を追い払い、とても白人には勝てないとあきらめていたアジアの民族に、驚異の感動と自信を与えてくれました。

長い間眠っていた自分たちの祖国を自分たちの国にしようという心を、目覚めさせてくれたのです。

先日、この国に来られた日本のある学校の教師は、「日本軍はマレー人を虐殺したに違いない。その実態を調べに来たのだ」と言ってました。

私は驚きました。

「日本軍はマレー人を一人も殺していません」

と私は教えてやりました。

日本軍が殺したのは、戦闘で戦った英軍や、その英軍に協力した中国系の抗日ゲリラだけでした。そして日本の将兵も血を流しました。

どうしてこのように今の日本人は、自分たちの父や兄たちが残した正しい遺産を見ようとしないのでしょう。悪いことばかりしていたような先入観を持ってしまったのでしょう。これは本当に残念なことです。

バー・モウ（ビルマ初代首相・現ミャンマー）

真実のビルマ独立宣言は、一九四八年一月四日ではなく、一九四三年八月一日に行われたのであって、真実のビルマ解放者は、アトリー氏とその率いる労働党政府だけではなく、東條英機大将と大日本帝国政府であった。

モハメッド・ナチール（インドネシア初代首相）

大東亜戦争が起きるまで、アジアは長い植民地体制下に苦悶していました。そのため、アジアは衰えるばかりでした。アジアは愚かになるばかりでした。だから、アジアの希望は、植民地体制の粉砕でした。大東亜戦争は、私たちアジア人の（独立）戦争を日本が代表して敢行したものです。

参考文献　『世界から見た大東亜戦争』名越二荒之助（展転社）
『世界が語る大東亜戦争と東京裁判』吉本貞昭（ハート出版）

終　章　今の自分と全部反対の自分になりたい

不登校が高じて一歩も外出ができない

数年前の女子生徒にFさんがいました。

彼女は、中学校一年の時、ひどいいじめにあって不登校になりました。

二年生になった頃からは、不登校が高じて一人では一歩も外出ができなくなっていました。

幸いに中学卒業後は、地元の公立高校に進学することができました。

家族も中学校の先生たちも、環境が変わったら通学できるかもしれないと期待しました。

しかし、彼女はその期待に応えることはできませんでした。一日も通学できなかったのです。

一学期が終わり、夏休みも終わるころ、Fさんは勇志国際高校へ転入してきました。

その年のスクーリングに、彼女は一人で参加しました。彼女にとっては宇宙旅行するくらい勇気のいることだったはずです。

しかし、学校の中にどうしても入ることができません。体が硬直し足がすくんで動かないのです。みんなで一緒に泊まる民宿にも入れません。

私は、お母さんに連絡をして、今回は御所浦に一人で来れただけでステップアップしたことを告げ、保護者同伴のスクーリングに改めて参加することを勧めました。

約一か月後の保護者同伴スクーリングに、Ｆさんはお母さんと一緒にやって来ました。

そのスクーリングは、二十組と少人数の参加でしたが、一年生四人の教室に入ることができませんでした。

仕方なく、いったん帰宅していただいて、一人だけのスクーリングを実施することとしました。

それからさらに一か月後、Ｆさんはお母さんとやって来ました。その年度三回目のスクーリングです。

なりたい自分が本当の自分

そのＦさんだけのスクーリングでの、道徳の授業の時のことでした。

お母さんにも教室の後ろの方に座っていただいていました。

「Ｆさん、君はどんな自分になりたいと思っているかい？」

という私の質問に、下を向いたままボソボソと、しかしはっきり聞き取れる声で、彼女は言いました。

「私は、今の自分と全部反対の自分になりたいです」

強烈な自己嫌悪感の表れでした。

そこで
「ではね、君が嫌だと思っている自分について十項目箇条書きで書いてみようよ」

と誘いました。

彼女はノートに十項目書いてくれましたから、彼女に断ったうえでそれを読み上げ、黒板に書きました。

そして、

「君はさっき、今の自分と全部反対の自分になりたいと言ったよね。今から君が書いた今の自分と反対を黒板に書くよ」

と言って、彼女が書いた十項目をAとして、その反対をBとして次のように黒板に書きました。

一　A　体が弱く病気がちでいつも暗い顔をして元気がありません。
　　B　体が健康でいつも明るく元気一杯です。
二　A　協調心がなく人といさかいばかりおこしています。
　　B　協調心があってみんなと仲良く付き合えます。

三　A　勇気がなく臆病でいつもおどおどしています。
　　B　勇気があってとても頼りがいがあります。
四　A　とても意地悪で皆から嫌われています。
　　B　とても優しくて誰からも好かれます。
五　A　何をやっても駄目です。
　　B　賢くて何でもできます。
六　A　何をやっても根気がなく中途半端で終わります。
　　B　根気強くて何でも最後までやり抜きます。
七　A　いつもしかめっ面で怒ってばかりいて、人が自分を避けます。
　　B　いつも笑顔が素敵と人から言われます。
八　A　依頼心が強く何をするにも人を頼ってしまいます。
　　B　自立心が強くたいていのことは自分でやり遂げます。
九　A　だらしなく粗暴です。
　　B　優しく明るく太陽のようです。
十　A　いつも愚痴ってばかりいます。
　　B　幸せ一杯でとても感謝しています。

ひとつひとつBの方を読み上げながら、「こうなりたいんだよな」と確認していきました。

そして質問しました。

「AとB、どちらが本当の自分だと思うかい？」

彼女は
「Aです」

と答えましたから、びっくりするほど大きな声で
「違う。Bの方が本当の君だ」

と言ったうえで、次のように説明したのです。

「嫌な自分は、何故本当の自分ではないかというと、人間は自分の中にないものには拒絶反応をするのです。嫌だという感情は拒絶反応そのものですよ。

一方なりたいという感情は、自分の中に同質のものがあるから、それと同化しようとする心の動きなのです。だからなりたい自分の方が本当の自分という訳です」

「わかったかな？」

彼女は未だキョトンとしていましたから、続けて次のように言いました。

「Aの方は、君の欠点であり短所ですね。では欠点は欠けてる点と書くが何が欠けてるの

かな。短所も同じで短い所と書くが何が短いのだろう？」

「欠けてるのは、Bの方が欠けてるということ。短所も同じこと。もともと健康で元気一杯なのに、それが未だ表面に出ていないから欠けてる点や短い所となって、体が弱く病気がちでいつも暗い顔をしている自分として表れているだけです」

「だからBの方が実体で、Aの方は実体ではないということになる。つまり君がなりたいと思っている方が本当の君ということです」

ここまで説明した時、Fさんは、まっすぐ顔をあげて私の顔を真正面に見て、にっこり笑って頷きました。実にいい笑顔でした。

叱咤激励のつもりの言葉が彼女を苦しめていた

授業が終わってお母さんが、校長室に尋ねてこられました。そして
「校長先生、あの子のあんな笑顔は、幼稚園の時以来です」
と言って涙を流して喜ばれた後で
「ところで、校長先生が、あの子の書いた嫌な自分を黒板に書いて読み上げられましたよね。あれを聞いてドキッとしました。なぜなら、あの十項目は私たち家族がいつもあの子に言っ

てたことだったからです」

このお母さんは、とても賢い方で考えもしっかりしておられるし、実にやさしいお母さんです。引きこもり状態の娘のために良かれと思って、叱咤激励のつもりでおっしゃってた言葉が、彼女を苦しめていたのです。

「お母さん、そこに気がついていただきたくて一緒に授業を受けていただいたのです。みんな良かれと思って欠点を指摘して矯正しようとするのです。しかし、それは百害あって一利なしなのです。欠点は指摘されるとさらに大きくなって、長所まで消えていくことになります」

「ここで一つ約束をしていただきたいのです。帰宅なさったら、家族会議を開いて今日の出来事を報告していただき、Aの方は決して言葉にしないと申し合わせてほしいのです」

Fさんのお母さんは、固く約束されて四泊五日のスクーリングの日程を終了して帰路につかれました。

数日たってそのお母さんから電話があり、約束通り家族会議で申し合わせができたとのことでした。

それっきりFさんの引きこもりは改善したのです。

それどころか、次の年のスクーリングは、一人で参加して、クラス委員を率先して引き受け、お世話役を買って出ましたし、三年生の時には参加者全体のリーダー的存在として、みんなを引っ張っていくほどになりました。最早引きこもっていたころの面影は微塵もありませんでした。

そして、卒業と同時に地元の企業に正社員で採用され、今も元気で頑張っています。

以上は、数多くある道徳授業で立ち直っていった生徒の一例です。

長所を認める教育がいかに重要であるかお分かりいただけたと思います。

あとがき
―保護者の皆様、そしてこの本をお読みくださった皆様へ―

偉人伝を伝える前にやらなければならないことがあった

熊本叡径理事長の、「道徳と正しい日本史を教える学校を創りたい」との燃えるような思いに共感して、広域の通信制勇志国際高校の開校にこぎつけることができたのは、平成十七年四月のことでした。

校長に就任した私は、初年度から道徳を担当してきました。教諭の免許は持ちませんから、社会科の一環として、講師の立場で実施してきました。

スクーリングでの授業はもちろんのこと、週一回のインターネットのテレビ電話システムでの授業、二年目からは録画システムに変更してのネットによる授業、そして開校当初から毎月発行してきている校内新聞『ポプラ通信』での「高校生のための道徳講座」の執筆と、可能な限りの手段を講じながらの実施でした。

教科書はありませんから、まさに暗中模索の手探り状態でした。

様々に試みていくうちに大まかな生徒たちの傾向が分かってきました。

それは、例えば「偉人伝」を中心に進めていた時のことです。どうも生徒たちの反応が返ってこないのです。その理由が分かりました。

いわゆる反日教育と欠点を指摘して矯正する指導の普遍化で、自己否定に陥って反日感情と人間不信で苦しんでいる若者に、いきなり偉人伝では受け入れる心境ができていないということがその理由でした。

偉人伝を伝える前にやらなければならないことがあったのです。

そこで「長所を認めて伸ばす指導」を基本として、学校のすべての活動に取り入れました。各教科の指導の方針もしかりです。全校あげてのすべての機会をとらえての道徳教育となりました。

さらに、私の道徳授業も、生徒個々が持っている内面の素晴らしさを引き出すことに主眼を置き、かつ、日本への反感を愛国心に転換する内容に切り替えていきました。

スクーリングにおける日本史では、特に近現代史に絞って侵略史観ではなくアジア解放史としての栄光ある祖国の歴史を、歴史担当の教師が実施して、目覚ましい成果を上げています。

さらに、前出のポプラ通信では、社会科の先生たちによって、偉人伝と日本神話の連載もしています。

その結果、開校時百十四名だった生徒数が、七年目には一千名を超え、八年目には千二百名を超え、九年目には千三百名に迫る状況に繋がりました。

八割が口コミです。

入校して生徒たちが初めて知ったのは、自分たちが真に求めていた教育がここにあったということです。

若者が魂の奥底で求めているのは「生きていくための自信と、日本人としての誇り」なのです。

私は、これを潜在ニーズと言っています。

世の中にそのモデルとなるものがないから気が付いていないけど、心の奥底では切実に求めています。

実に多くの生徒たちが、引きこもりや不登校、心の病などから立ち直り、周りから後ろ指を指されて自暴自棄になっていた、いわゆるヤンチャ系の生徒たちが、立派になって巣立っていきました。

今も、在校生たちが目覚ましい成長の過程にあります。

人間としての尊厳を感得させる教育の実施が急務

小・中学校での道徳が教科化されようとしていることは誠に喜ばしいことです。教科化されますと、当然教科書が作られます。その教科書がどのような内容になるのか、そして、教える教師がどこまで真剣に取り組んでくれるかが、大きな課題になってくると思います。

もう一つ気になるのは、価値観を押しつけてはならないという教育界の風潮です。生きていく知恵を教えなければならない道徳が、あやふやであってはなりません。道徳的な価値観を受け入れるか否かは子供たちの自由意思によるなど、とんでもない間違いです。それでは子供たちは大人の言葉を信じることができませんし、尊敬することも信頼することもできません。

「什の掟」の「ならぬことはならぬものです」でなければ道徳は成り立ちません。

そして、高校の道徳が、今後どうなるのか気になるところです。

高校道徳の実施は喫緊の課題です。

高校生たちは自己否定に陥って苦しんでいます。

新教育基本法の成立を以て、「戦後教育」の時代は終わったはずです。

しかし、実態は未だ「教育新時代」には程遠いのが現実です。

日本人でありながら「反日教育」を受けなければならないという悲劇から、若者を解放しなければなりません。

人間としての尊厳を感得させる教育の実施が急がれます。

九年間にわたって模索しながら実施してきた道徳教育の集大成でありますこの書が、そのためにわずかでもお役にたつことができますならば、これにすぐる喜びはありません。

最後になりましたが、勇志国際高校開校十周年の記念事業として、この本を出版する決定をしてくださった熊本叡径理事長、石戸谷浩一副理事長、桜井剛常務理事兼事務局長、そしてこれまで道徳授業の担当としての私をフォローしてきてくれた社会科の先生方、長所を認めるという方針に基づいて日々の指導で大きな実績を積んできてくれたすべての教職員の皆さんのおかげでこの本を書くことができました。

出版に当たっては高木書房の斎藤信二社長、そして原稿に目を通して貴重な意見をいただきました青森の木村将人先生に大変お世話になりました。

皆様に心からの感謝を申し上げる次第です。

平成二十六年二月吉日

野田将晴

勇志国際高等学校の沿革

平成17年3月11日　　株式会社清風学園設立（代表取締役・熊本叡径）
平成17年3月11日　　旧御所浦町教育特区として株式会社清風学園に対して
　　　　　　　　　　勇志国際高等学校の設立認可（旧御所浦町長）
平成18年4月1日　　市町合併により天草市教育特区となる。
平成22年3月19日　　学校法人　青叡舎学院設立認可（熊本県知事）
平成22年3月19日　　勇志国際高等学校の設置者を株式会社清風学園から
　　　　　　　　　　学校法人青叡舎学院に変更することの認可（天草市長）
平成22年4月1日　　勇志国際高等学校設置者が株式会社清風学園から学校
　　　　　　　　　　法人青叡舎学院に変更

理事長　熊本叡径　　校長　野田将晴
所在地　熊本県天草市御所浦町牧島１０６５－３（〒866-0334）
電話　０９６９－６７－３９１１　ＦＡＸ　０９６９－６７－３９５０
ホームページ　http://www.yushi-kokusai.jp

学習センター　熊本学習センター
　熊本市中央区九品寺2-1-24九品寺ビル１Ｆ（〒862-0976）
　電話　096-277-5931
福岡学習センター
　福岡市博多区博多駅前2-20-15第7岡部ビル７Ｆ（〒812-0011）
　電話　092-433-5931
千葉学習センター
　千葉県松戸市新松戸４－４８（〒270-0034）
　電話　047-346-5555
東京学習センター
　東京都文京区本郷3-3-12　ケイズビル８F（〒113－0033）
　電話　03-5684-5931

野田 将晴（のだ まさはる）
昭和２０年 生まれ
熊本県出身
熊本県警察官（昭和３９年〜昭和５１年）
青年海外協力隊（マレーシアで２年間柔道・逮捕術指導）（昭和４５年３月〜同４７年）
元号法制化運動に没頭するため警察官を辞職（昭和５１年６月）
熊本市議会議員（１期）
熊本県議会議員（３期）
勇志国際高等学校校長　柔道６段

高校生のための道徳
この世にダメな人間なんて一人もいない!!

平成二十六（二〇一四）年四月十日　第一刷発行
令和元（二〇一九）年五月二十七日　第三刷発行

著　者　野田　将晴
発行者　斎藤　信二
発行所　株式会社　高木書房
〒一一六-〇〇一三
東京都荒川区西日暮里五-一四-四-九〇一
電話　〇三-五六一五-二〇六二
ＦＡＸ〇三-五六一五-二〇六四
メール　syoboutakagi@dolphin.ocn.ne.jp
装　丁　株式会社インタープレイ
印刷・製本　株式会社ワコープラネット
※乱丁・落丁は、送料小社負担にてお取替えいたします。
※定価はカバーに表示してあります。

ISBN978-4-88471-099-6　Printed in Japan

野田将晴著『教育者は、聖職者である。』
平成 24 年 4 月発行
定価：1,300 円 + 税　高木書房